AF231386

Un petit coin de paradis

DU MÊME AUTEUR

chez Grasset :

La machine égalitaire, 1987.
La grande illusion, 1989.
L'argent fou, 1990.
La vengeance des nations, 1991.
Français, si vous osiez, 1991.
Le media-choc, 1993.
www.capitalisme.fr, 2000.
Épîtres a nos nouveaux maîtres, 2003.
Les prophètes du bonheur. *Une histoire personnelle de la pensée économique*, 2004.
Ce monde qui vient, 2004.
Le crépuscule des petits dieux, 2006.
Une sorte de diable. *Les vies de John M. Keynes*, 2007.
Une histoire de France, 2008.
Dix jours qui ébranleront le monde, 2009.
Une histoire politique des intellectuels, 2010.

chez d'autres éditeurs :

L'informatisation de la société, *avec Simon Nora,* Le Seuil, 1978.
L'après-crise est commence, Gallimard, 1982.
L'avenir en face, Le Seuil, 1984.
Le syndrome finlandais, Le Seuil, 1986.
Le nouveau Moyen Age, Gallimard, 1993.
Contrepoints, *recueil d'articles,* Le Livre de Poche, 1993.
Deux France, Plon, 1994.
La France de l'an 2000, Odile Jacob, 1994.
L'ivresse démocratique, Gallimard, 1994.
Antiportraits, Gallimard, 1995.
La mondialisation heureuse, Plon, 1997.
Louis Napoléon revisité, Gallimard, 1997.
Au nom de la loi, Gallimard, 1998.
Spinoza, *un roman juif,* Gallimard, 1999.
Le fracas du monde : journal de l'année 2001, Le Seuil, 2002.
Je persiste et je signe, Contrepoints II, *recueil d'articles,* Le Livre de Poche, 2002.

Alain Minc

Un petit coin de paradis

BERNARD GRASSET
PARIS

ISBN 978-2-246-78507-1

L'autodérision des Européens me désespère. Elle alimente l'indifférence, voire le mépris des autres à notre endroit. Ceux-ci nous regardent du même œil blasé que nous, habitants du Vieux Continent, observons la Suisse : une terre de liberté, de bien-être et de mollesse sans avenir ni destin. Habitués à nous comporter pendant les siècles des siècles en « sujet de l'Histoire » – suivant la terminologie hégélienne –, nous nous glissons sans remords ni état d'âme dans le simple statut d'« objet de l'Histoire ». Rançon de sa mauvaise conscience coloniale, culpabilité d'avoir engendré au vingtième siècle les pires dictatures, souvenir de sa marginalisation pendant les décennies de la guerre froide : l'Europe n'est plus fière d'elle-même. Elle se sait en déclin démographique ; elle se sent en recul économique ; elle s'affole des soubresauts de l'euro ; elle se croit perdue ; elle rit tristement à l'idée même d'incarner un modèle de société. Or non seulement c'est le cas, mais c'est « le » modèle. Vu à l'aune des valeurs de liberté, de justice, de démocratie, d'équilibre, il est exemplaire et même, au sens propre du terme, exceptionnel.

Le monde ne va pas vers l'uniformité ; la globalisation fait émerger d'autres systèmes, d'autres manières d'être. Mais le clivage ne s'établit pas entre l'Occident d'un côté et les nouveaux joueurs de l'autre. Au sein même du vieil univers occidental est apparue une césure entre le modèle européen et le modèle américain. Quand on posait, il y a vingt ans, une question simplissime – quel est l'espace le plus libre, le plus démocratique, le plus protecteur ? – la réponse fusait : les Etats-Unis, naturellement. Quelle devrait-elle être aujourd'hui, à condition de laisser de côté les grands confettis que sont l'Australie, la Nouvelle-Zélande, le Canada ? L'Europe bien sûr.

Prisonniers de leurs angoisses et de leur narcissisme, les Européens sont bien incapables de faire claquer une telle réponse face à leurs concurrents sur la scène mondiale. Un peu de fierté, que diable ! Celle-ci n'exclut certes pas la lucidité.

Si admirable soit-elle, notre exception rime avec fragilité. Dans un univers où l'esprit de compétition prend souvent le pas sur la volonté de coopération et où les joueurs non occidentaux se comportent en fonction d'une stratégie de longue haleine, nous risquons d'être bien démunis. Or il n'existe pas de « Suisse de cinq cents millions d'habitants » : ce qui vaut pour un petit canton du monde ne peut s'appliquer à nous. Notre tâche n'est pas achevée.

Mais être enfin fiers de ce que nous sommes constitue un préalable. L'humilité interdit toute stratégie ; la fierté l'autorise.

1

Le paradis des libertés

L'image d'Epinal s'éloigne qui faisait de l'Angleterre la terre originelle des droits individuels, des Etats-Unis – sa fille aînée – un espace presque aussi libre et de l'Europe continentale un ensemble chaotique où les libertés s'affermissaient ou se rétractaient au hasard des changements de régimes politiques et des conflits nationalistes. Il existe aujourd'hui une Europe des libertés auprès de laquelle les Etats-Unis font pâle figure.

Ceux-ci ne peuvent prétendre à l'exemplarité qu'en matière de liberté d'expression. Nulle part ailleurs les citoyens ne disposent en effet d'un outil aussi puissant que le premier amendement de la Constitution, afin d'assurer leur liberté de parole et de pensée. Mais c'est désormais une exception. Encore faut-il de surcroît la nuancer. Lorsque la polémique s'est développée à propos des caricatures de Mahomet, les réactions américaines ont été timorées, au nom du respect dû aux religions, alors que les Européens ont été unanimes pour défendre la conception la plus large de la liberté d'expression, donc le droit à la critique et à l'ironie.

Le florilège des avancées européennes est, dans tous les autres domaines de la vie en société, impressionnant. La *peine de mort* constitue évidemment l'exemple le plus parlant : hormis pendant quatre années de moratoire entre 1972 et 1976, la justice américaine demeure une machine à condamner et à exécuter : 52 exécutions en 2009 alors même que le voisin cubain les a éliminées en 2003 ; plus de cent condamnations annuelles. Même les esprits les plus libéraux se perdent en arguments pour justifier une pratique qui n'a plus lieu d'être dans un pays démocratique. En Europe, non seulement la peine de mort est proscrite depuis des décennies mais tous les verrous juridiques ont été installés de manière à rendre son rétablissement impossible. Les rares hommes publics qui invoquent cette hypothèse sont instantanément disqualifiés : c'est le marqueur le plus simple de l'appartenance au cercle démocratique.

La *politique répressive* ? Les Etats-Unis possèdent le record mondial du nombre de prisonniers : plus de deux millions contre 1,5 million en Chine[1] ! Mais au-delà de cette comparaison

---

1. A une très importante différence près : il s'agit en Chine de condamnés ; le chiffre des détentions provisoires est inconnu.

infamante et gratuite, le taux de la population carcérale au regard de la population totale y est de 738 pour 100 000 habitants, contre 90 pour l'Union Européenne. Si souvent vilipendée sur ce terrain, la France en est à 85 contre 95 pour l'Allemagne et 148 pour le Royaume-Uni. Même les havres libéraux que sont le Canada et l'Australie se situent au-delà des pourcentages européens : 107 pour le premier, 126 pour le second. De tels chiffres doivent être, chacun le sait, interprétés avec prudence. Le degré de violence des sociétés, les traditions judiciaires, l'héritage répressif : autant d'explications historico-sociologiques mais un écart de presque 1 à 10 entre l'Europe et les Etats-Unis en dit manifestement long sur une certaine vision de la citoyenneté.

Le débat sur la *torture* après le 11 septembre participe du même phénomène. Alors que les Etats-Unis reprochaient vertement aux puissances coloniales européennes, dans les années cinquante, leur brutalité vis-à-vis des révolutionnaires qu'elles combattaient et l'usage de « méthodes non conventionnelles » – suivant la litote en vigueur –, ce sont désormais les Européens qui s'insurgent contre Guantanamo, la sous-traitance « délocalisée » de la torture, les prisons clandestines de la CIA et les traitements dégradants qui y sont pratiqués si on en croit des militaires américains repentis. Ainsi de la révolte des opinions publiques dans les pays de l'Union dont les gouvernements s'étaient contentés d'autoriser l'atterrissage en escale d'avions de la CIA chargés de supposés terroristes. De même ce sont les Européens qui ont critiqué, au nom de l'habeas corpus, le Patriot Act voté au lendemain du 11 septembre 2001, à l'initiative de l'administration Bush, par une majorité des quatre cinquièmes à la Chambre des Représentants et une quasi-unanimité au Sénat – 60 voix pour, une contre. Confronté à des attaques terroristes, certes infinitésimales au regard du 11 septembre, le Royaume-Uni de Tony Blair a réagi par un durcissement de l'arsenal répressif, mais sans commune mesure avec le Patriot Act. Quant à l'Espagne elle s'est fait un honneur de ne pas modifier son dispositif législatif, répondant à l'appel du Roi, le soir de l'attentat dans la gare d'Atocha : celui-ci avait martelé que la gloire de la démocratie est de se défendre avec ses instruments de tous les jours.

La *liberté des mœurs* ? Elle peut se juger de manière cursive à travers la place faite à l'homosexualité. Les « gays » avaient de longue date pignon sur rue à San Francisco, alors que les opinions européennes se claquemuraient dans leurs préjugés, mais la situation a, en quelques années, radicalement changé.

Alors que les arcanes du fédéralisme américain n'aboutissent à aucune position tranchée à propos du mariage homosexuel et du droit à l'adoption par les couples « gays », une incroyable accélération s'est produite en Europe. Longtemps pionniers par rapport au mariage homosexuel, parce que empreints de libéralisme protestant, les Pays-Bas et la Norvège ont été rejoints par deux pays, longtemps terres de mission catholiques, l'Espagne et le Portugal. Si le moralisme catholique traditionnel parvient encore à survivre en Italie, il s'est en effet volatilisé dans la péninsule ibérique. Quant aux autres Etats membres de l'Union Européenne, ils ont quasiment tous instauré des régimes du type du PACS qui se rapprochent, peu à peu, de la bonne vieille institution bourgeoise que représente le mariage classique. Le même mouvement vaut en matière d'adoption : longtemps réticente, la France est désormais prise dans un engrenage juridique entre une décision de la Cour Européenne des Droits de l'Homme et un arrêt de la Cour de Cassation qui la conduira à entériner formellement le droit à l'adoption pour un couple « gay » et à s'aligner ainsi sur l'Allemagne, le Royaume-Uni ou à nouveau l'Espagne.

La *conception de la vie et de la mort* ? Alors qu'aux Etats-Unis le droit à l'avortement est de plus en plus contesté et qu'il est devenu un enjeu politique majeur sous la pression de la droite du parti républicain avec à la clé le risque d'une volte-face jurisprudentielle de la Cour Suprême, les derniers bastions « anti-IVG » au sein de l'Union Européenne s'effondrent, à l'instar du Portugal qui s'est prononcé par référendum en 2007 sur la législation autorisant l'interruption volontaire de grossesse. Ne résiste que la Pologne, sous la pression d'une Eglise catholique désireuse de prendre sa revanche sur le « libéralisme », en cette matière, du régime communiste. Quant à l'euthanasie, sujet si longtemps tabou, sa pratique est progressivement acceptée dans tous les pays européens, alors qu'elle demeure un objet de dramatique crispation politique aux Etats-Unis. Si peu d'Etats membres autorisent le suicide assisté, l'euthanasie passive est quasiment reconnue partout dans l'Union, soit sur une base législative, soit par voie jurisprudentielle. Le mouvement est là aussi irréversible qui conduit à offrir une liberté maximale aux individus, comme en matière de mariage homosexuel.

Même l'*immigration* est, à rebours de toutes les idées reçues, une illustration du libéralisme européen. L'Europe est la région du monde qui accueille le plus grand nombre d'immigrés légaux et de demandeurs d'asile. Ainsi de 2000 à 2005, le solde migratoire européen a-t-il été supérieur de quelques milliers au solde américain – 1 188 000 en moyenne contre 1 160 000 – mais surtout le nombre de demandeurs d'asile a été neuf fois plus important en Europe qu'aux Etats-Unis : 340 000 en 2005. Seules 73 000 demandes ont été acceptées mais, malgré un taux de refus élevé, l'Union Européenne demeure la principale terre d'asile du monde. C'est un hommage involontaire que lui rendent les demandeurs, fussent-ils déboutés. Ils sont attirés par l'espace qu'ils imaginent le plus libéral et le moins cadenassé.

Ce florilège d'exemples n'est ni exhaustif, ni incontestable mais il témoigne d'une évolution qui n'était pas acquise il y a quelques décennies. L'Europe va vers toujours plus de libertés. C'est certes un cheminement naturel dans une société de plus en plus individualiste. Mais l'irrésistible ascension de l'individualisme n'est pas l'apanage du Vieux Continent. Les Etats-Unis, eux, suivent le chemin inverse. Sans doute l'effondrement des religions et donc l'effacement du moralisme chrétien contribuent-ils à l'évolution européenne : c'est une différence grandissante avec les Etats-Unis (cf. chapitre 2).

Mais une dynamique libérale, voire libertaire, s'est développée au sein de l'Union Européenne. Il s'y produit une *contagion de la liberté*. Les Européens n'avancent pas tous du même pas sur des questions aussi sensibles que la vie, la mort, la citoyenneté, l'habeas corpus... Mais un engrenage s'est mis en place, qui voit peu à peu les Etats membres les plus rétifs s'aligner sur les plus audacieux.

C'est le même cheminement qui prévaut en matière de libertés et dans la sphère économique. Ce que le Marché unique a cherché à susciter, l'alignement progressif des pays économiquement les moins dynamiques sur les meilleurs élèves de la classe européenne, l'émulation, l'imitation, l'osmose des sociétés civiles le provoquent en matière de mœurs et de libertés. On peut parier que le mariage homosexuel ou le suicide assisté seront un jour légalisés dans toute l'Union.

Une course au libéralisme s'est développée entre les institutions de l'Union Européenne. En tête figure le Parlement de Strasbourg. Le poids des élus issus des petits pays, en particulier nordiques, le sérieux avec lequel ceux-ci travaillent par comparaison avec les députés latins plus primesautiers, l'attention prêtée aux représentants de la société civile, y compris les plus minoritaires, le respect porté aux organisations non gouvernementales : autant de facteurs qui jouent dans le sens d'une idéologie libérale, voire libertaire – au sens politique du terme. S'ajoute, pour les parlementaires européens, la tentation de marquer leur existence par leur audace. De ce point de vue les sujets de société, donc de liberté, sont plus rentables que la réglementation des « hedge funds » ou la directive sur les fruits et légumes.

De là une tentation permanente du « toujours plus ». Celle-ci se manifeste aussi dans les instances juridictionnelles de l'Europe, la Cour de Justice de Luxembourg pour les Etats membres de l'Union, la Cour Européenne des Droits de l'Homme de Strasbourg au titre de l'« Europe élargie ». Les textes fondateurs deviennent eux-mêmes de plus en plus libéraux : ainsi le Traité de Lisbonne offre-t-il une vision plus exhaustive des droits individuels que le Traité de Nice, et celui-ci que le Traité d'Amsterdam.

Quant à la jurisprudence, elle accentue encore cette évolution, ne faisant ni pas de côté, ni retour en arrière, à la différence de la Cour Suprême américaine dont l'idéologie oscille entre la droite et la gauche, en fonction des coups de boutoir de l'opinion et des nominations par les Présidents successifs. Ce sont là deux différences majeures. Les désignations à Luxembourg et à Strasbourg sont professionnelles et dépolitisées. Protégés des soubresauts politiques, peu agressés par les lobbys, guère immergés dans un air politique vicié comme à Washington, les magistrats européens peuvent donner libre cours à une approche exclusivement jurisprudentielle qui voit s'élargir, à l'occasion de chaque arrêt, l'affirmation des droits individuels.

Dans ce jeu-là, la Commission et les Etats membres sont plus passifs. Davantage marqués au coin de la politique traditionnelle, ils soupèsent les forces et contre-forces qui se manifestent toujours sur les questions de morale et de société mais leur capacité de résistance est d'autant plus faible que le Parlement les bouscule et qu'à la fin des fins, le juge tranche.

Le jeu entre les institutions européennes se déroule de surcroît avec pour toile de fond une opinion publique qui voit les pays les plus en avance servir d'aiguillons aux plus timorés. Comment la France résistera-t-elle longtemps, à propos du mariage homosexuel, à l'exemple d'une Espagne plus catholique qu'elle, ou, sur la question de l'euthanasie active, à ses voisins du Nord ? Ce n'est pas la peur de voir les homosexuels aller se marier à Barcelone ou la perspective d'un cortège de grabataires en quête de suicide assisté se rendant en ambulance à Amsterdam – à l'instar des femmes en mal d'avorter qui filaient subrepticement, jusqu'à la loi Veil, à

Bruxelles – qui jouera, mais le simple exemple du libéralisme triomphant chez nos voisins.

La contagion se développe à travers l'osmose des comportements, la fluidité de l'information, l'analogie des réactions. La démonstration se fait de ce point de vue, tous les jours, de l'existence d'un « homo europeanus » présent d'Helsinki à Lisbonne, de Tallinn à Barcelone, de Dublin à Naples. Et cet « homo europeanus » s'identifie à un désir maximal de libertés. Aspiration diffuse plus que revendiquée, spontanée plus que conceptualisée, naturelle plus que philosophique.

L'Europe est une terre bénie pour les libertés individuelles mais elle ne le proclame, ni ne s'en orgueillit. Par humilité ? Certes non. Par inconscience d'elle-même ? En partie. Mais plus profondément, par incapacité à fabriquer collectivement une idéologie. L'Union européenne était au départ un « être anti-sartrien » : son essence précédait son existence. Elle est devenue, au fil des décennies, un animal sartrien : son existence précède son essence. L'Europe est le paradis des libertés : elle en est à peine consciente et n'en tire aucune fierté. Quel dommage !

2

Ni dieu, ni maître

Qui aurait parié que l'Europe des guerres de religion il y a cinq siècles et du procès de Lyssenko, il y a cinquante ans, deviendrait l'espace spirituellement le plus ouvert au monde ?

Malgré des statuts juridiques différents, les Eglises européennes ont toutes connu la même évolution. Ce sont des « ONG spirituelles » dans des sociétés civiles en pleine sécularisation : elles participent au débat public ; elles ne le dominent plus. L'Europe est la seule région du monde à respecter le principe : ce qui est à Dieu est à Dieu, ce qui est à

César est à César. Ni mainmise religieuse, ni refus du progrès : alors que les Américains commencent à se sentir mal à l'aise face à la science, comme le manifeste à satiété le débat sur le créationnisme, les Européens ont encore le goût du progrès scientifique. A l'exception de quelques écologistes fondamentalistes, l'esprit dominant demeure rationaliste et cartésien. La liberté de la recherche ne bute pas sur des préceptes religieux mais se contente de cohabiter avec une morale laïque, par définition plus malléable. Ni dictature de la « pensée correcte » enfin, comme aux Etats-Unis : le « politiquement correct » a certes franchi l'Atlantique mais la pression de l'opinion demeure sur les sujets sensibles – égalité des sexes, droits des minorités… – moins lourde de ce côté-ci de l'Océan.

L'Europe est le seul continent en pleine sécularisation : 5 % de la population française fréquente chaque semaine un service religieux ; 15 % de la population italienne ; seuls 30 % des Allemands vont une fois par mois dans un lieu de culte. A peine 20 % des Européens trouvent la religion « très importante ». Ils sont encore 40 % à croire au paradis mais 20 % seulement à l'enfer. Quant au péché, il n'existe qu'aux yeux de 57 % des Espagnols, 55 % des Allemands, 40 % des Français et 30 % des Suédois. Un abîme nous sépare, sur ce terrain, des Américains : 60 % d'entre eux considèrent la religion comme « très importante », 80 % ont ressenti en eux la présence de Dieu et 90 % croient, de manière générale, à son existence.

De ce côté-ci de l'Atlantique, une société européenne en proie au *Désenchantement du monde* décrit par Marcel Gauchet ; de l'autre une religiosité croissante. Ici des églises et des temples en voie de se vider, des fêtes religieuses en pleine laïcisation, des séminaires désertés, des ordinations de prêtres de plus en plus rares, des préceptes religieux de plus en plus contestés. Là-bas, une religiosité en plein essor, avec un transfert des fidèles des Eglises les plus traditionnelles vers des communautés plus actives, tels les évangélistes au comportement plus proche de celui des sectes que des religions établies. Ici, des religions en nombre limité, éternelles et incontestables. Là-bas un « marché des religions » avec, sur ses franges, des sectes, toutes en concurrence les unes avec les autres, certaines sur le déclin, d'autres en pleine expansion, sans que le panorama soit à jamais figé. Ici, un clergé que ses préoccupations morales portent de plus en plus vers la gauche. Là-bas, une formidable pression des nouvelles religions en faveur du conservatisme : près d'un vote sur deux en faveur de George W. Bush venait des milieux les plus religieux ; Bush lui-même « born again christian », c'est-à-dire convaincu que la foi procède d'un contact direct avec Dieu et non du baptême, n'a cessé de favoriser le lobby évangéliste. Ici, des hommes d'Etat qui se gardent d'évoquer Dieu, sauf Silvio Berlusconi, avec le style bouffon qui lui est propre. Là-bas, un ancien Président, George Bush, qui était convaincu de mener la guerre en Irak au nom de Dieu à l'instar, il y a neuf siècles, des croisés partant délivrer Jérusalem. Ici, un système politique désireux de ne pas déroger au principe de laïcité, c'est-à-dire de la religion cantonnée à la sphère privée. Là-bas, un ordre constitutionnel dont la religion est l'arc-boutant avec, illustration ultime, la devise « In God we trust » inscrite sur les dollars.

L'Europe est devenue une terre laïque et s'affirme comme telle. Ainsi du débat en 2004 à propos du préambule de la Constitution malheureusement avortée, sur une éventuelle allusion aux racines chrétiennes de l'Europe et qui s'est conclu par une vague référence à son « patrimoine spirituel et moral ». Ainsi de la Charte des Droits Fondamentaux qui se porte garante du seul respect de la diversité religieuse. Ainsi de l'attitude des institutions européennes à l'égard des Eglises qu'elles traitent, à l'instar des syndicats ou des mouvements écologistes, comme des lobbys « de première catégorie », donc susceptibles des plus grands égards. En fait, indépendamment de leurs traditions et du statut, chez chacun d'eux, des religions, les Etats européens sont, à une exception près – la Pologne –, parvenus à une conception commune de leurs relations avec les Eglises. Etonnante leçon pour nous, Français, croisés de la laïcité, convaincus de la supériorité absolue de la loi de 1905 et donc de la séparation de l'Etat et des Eglises, et qui oublions que l'Alsace et la Lorraine vivent sous le Concordat signé par Napoléon.

Il existe en Europe trois régimes juridiques en matière de religion. La séparation, modèle 1905, le nec plus ultra aux yeux des Français. Le concordat, pratiqué dans maints pays catholiques, l'Italie et l'Espagne au premier chef. Un statut officiel des Eglises, comme en Allemagne, où un impôt cultuel est prélevé en complément de l'impôt sur le revenu, sauf pour les contribuables qui le refusent explicitement. Dans le premier cas, les Eglises sont pauvres, puisque privées de financement public ; dans le second, elles ont une position para-étatique ; dans le troisième, elles sont riches, puissantes et se sentent dépositaires d'une parcelle d'intérêt général. Mais dans la réalité, les comportements sont devenus les mêmes. La neutralité confessionnelle des Etats trouve sa contrepartie dans l'abstention politique des Eglises. Les citoyens savent que la religion est une affaire privée. Les institutions religieuses participent, désormais sans instinct de domination, à la vie de la cité. Telle est dorénavant la règle établie entre la puissance publique et les religions judéo-chrétiennes.

Cet édifice harmonieux résistera-t-il à l'irruption brutale de l'islam ? Comment une religion qui refuse la séparation entre ses propres normes et les règles politiques se moulera-t-elle à terme dans le corpus laïc propre à l'Europe ? S'établira-t-il vis-à-vis des populations musulmanes un équilibre différent ? Ou l'aspiration théocratique s'effilochera-t-elle dans une atmosphère ambiante de plus en plus séculière ? Nul ne le sait, mais même si un modus vivendi spécifique s'instaure avec l'islam, celui-ci ne provoquera aucune contagion du côté des religions traditionnelles.

Celles-ci continueront à être sur la défensive et à n'exercer, en dehors de la sphère privée de la foi, qu'une fonction de butte témoin morale, dans une société européenne dont les valeurs s'éloignent chaque jour davantage des préceptes enseignés par les Eglises. Certaines d'entre elles peuvent condamner la contraception, l'interruption volontaire de grossesse, l'euthanasie passive, le mariage homosexuel, l'adoption gay, les manipulations génétiques. La société européenne n'en a cure ; elle contemple ces affirmations doctrinales avec distance, voire amusement. Si la foi demeure un droit et un choix personnels, la morale religieuse ressemble de plus en plus à un résidu historique, traité avec nonchalance et dénué de la moindre influence. Antithétique de la situation américaine, l'inscription de la religion dans la seule sphère privée est l'apanage exclusif et l'honneur de l'Europe. Partout ailleurs dans le monde, les religions sont omniprésentes. Quand elles sont repoussées vers la vie familiale, c'est le fait des persécutions. Donc rien de commun avec une Europe, ici encore, exemplairement libérale et respectueuse des individus.

C'est la toute-puissance de la religion qui met en revanche les Etats-Unis en porte-à-faux vis-à-vis du progrès scientifique. La bataille entre le créationnisme et le darwinisme en constitue l'illustration la plus caricaturale. Elle ne date pas d'hier. Ainsi en 1925, un professeur du nom de Scopes fut-il condamné à une amende de 100 dollars pour avoir enseigné le darwinisme. Celui-ci prend sa revanche en 1987 avec l'interdiction par la justice de l'enseignement du créationnisme, c'est-à-dire de la création des hommes par Dieu. Mais l'hystérie religieuse a rouvert le débat dans vingt des cinquante Etats de l'Union. 55 % des Américains croient en effet que Dieu a créé les êtres humains dans leur forme actuelle ; 27 % admettent l'évolution mais guidée par Dieu ; seule une faible minorité fait sien le darwinisme. 67 %

des mêmes Américains souhaitent que le créationnisme soit enseigné, parallèlement à la théorie de l'évolution, comme si l'un et l'autre représentaient des vérités commensurables. Une version moins rétrograde du créationnisme a été bricolée, de manière à être plus comestible par l'opinion scientifique : l'« intelligent design » – le dessein intelligent –, c'est-à-dire une évolution d'allure darwinienne mais pré-agencée par Dieu. Dans une atmosphère polluée par une religiosité réactionnaire, elle commence à faire florès comme si, inquiets et sur la défensive, les scientifiques acceptaient de s'autocensurer et de passer un compromis dérisoire avec leurs adversaires.

Pour nous, Européens, cette régression intellectuelle relève de l'absurde. C'est l'affaire Lyssenko à l'échelle de l'opinion publique du pays en théorie le plus avancé du monde ! L'ombre portée de la droite religieuse va peser de plus en plus sur les enjeux scientifiques, dès lors qu'ils touchent à l'homme. Ainsi du seul veto opposé par George Bush à une loi, de manière à bloquer le financement par l'Etat fédéral des recherches sur les cellules souches. Les discours absurdes qui accompagnent les « tea parties » quotidiennes ne sont pas de bon augure pour la science américaine. La passion technologique des Etats-Unis risque d'aller étrangement de pair avec une méfiance à l'égard du progrès scientifique. C'est le chemin ouvert par les Lumières qui est désormais parcouru à l'envers par les Américains !

Rien de tel, heureusement, en Europe. Le respect de la science et le culte du progrès scandent encore notre vie collective. Seule ombre au tableau sur notre vieux continent : le combat mené par les écologistes les plus radicaux avec leur culte irrationnel de la nature. La bataille contre les OGM est leur « créationnisme ». Au moins n'a-t-elle aucun fondement religieux et se contente-t-elle de traduire une vision totalitaire de la nature. Les mêmes qui combattent pour l'intégrité du maïs ne sont paradoxalement pas hostiles aux travaux sur l'embryon humain : aussi n'exercent-ils aucun frein sur la dynamique de la science. Ils sont de surcroît isolés au sein de la mouvance d'extrême gauche. Marqués par l'adulation marxiste du progrès scientifique, les mouvements issus du trotskisme et du communisme ne partagent pas le combat des fondamentalistes « verts ». Ainsi, alors que l'expansion du conservatisme religieux américain alimente la méfiance à l'égard de la raison et de son corollaire, le progrès scientifique, les écologistes radicaux européens sont hors d'état d'exercer une pression du même ordre sur la science. Celle-ci ne connaît pas de limite idéologique à son activité ; elle demeure maîtresse de

son destin et participe de la même
« Weltanschauung[1] » qu'autrefois : Dieu
ne saurait interférer avec les travaux
scientifiques.

Autre contrainte qui pèse aux Etats-
Unis sur la vie de l'esprit et la liberté de
pensée dont nous ne subissons que
modérément la contagion : la dictature
du « politiquement correct ». La vie aca-
démique américaine a été obligée de se
soumettre à des codes qu'elle a faits
désormais siens, au point de ne plus
en percevoir le ridicule. L'obligation de
mener des études « gender », c'est-à-dire
intégrant les exigences du féminisme,
l'invention de chaires destinées à valori-
ser la culture afro-américaine, la nécessité
de passer tous les savoirs sous la toise du
communautarisme et de la reconnaissance des minorités : autant de manifes-

____

1. *Weltanschauung* : terme propre à la philosophie
allemande et qui signifie « vision du monde ».

tations quotidiennes d'un harassant et excessif « politiquement correct ».

Le phénomène a certes franchi l'Atlantique, mais le vieux scepticisme des Européens a su en éviter les excès. C'est un mouvement légitime en faveur des droits des femmes et de l'affirmation des minorités qui s'est vu reconnu et non une absurde tentation revancharde qui aboutit à réécrire l'histoire, à y introduire des dynamiques fictives et à postuler une égalité formelle des pensées, des cultures et des traditions. Face à l'emballement et aux coups de boutoir irrationnels du « politiquement correct » américain, les Européens ont été sauvés par leur vieux sens de la mesure et l'imprégnation toujours durable de la pensée des Lumières. Nous sommes demeurés irréductiblement voltairiens, et les anti-voltairiens sont ici de plus en plus minoritaires.

De là une étonnante inversion politique entre les Etats-Unis et l'Europe.

Alors que les Américains nous semblaient, pendant des décennies, unis sur l'essentiel et divisés sur l'accessoire et que les Européens paraissaient prisonniers du syndrome symétrique – déchirés sur l'essentiel, unis sur l'accessoire –, la situation s'est inversée. De plus en plus « pays-monde », marqués par les syncrétismes de toutes les cultures, et donc de moins en moins occidentaux, les Etats-Unis sont aujourd'hui plus écartelés que jamais depuis la guerre civile entre une nouvelle Amérique réactionnaire et l'ancienne, libérale – celle que nous aimons –, qui essaie de jouer ses dernières cartes et de ralentir son propre déclin.

Nous, au contraire, devenons par comparaison de plus en plus homogènes. Jamais la gauche et la droite politiques n'ont été aussi proches dans la même acceptation de l'économie sociale de marché. Jamais les sociétés civiles n'ont été aussi libres, aussi indifférentes à toutes les mainmises idéologiques et religieuses. Jamais la vieille tradition réactionnaire, si longtemps présente dans nos vieux pays, n'a été à ce point sur la défensive. Jamais la liberté d'esprit n'a été aussi largement répandue. Les Européens peuvent, pour la première fois de leur histoire, prétendre qu'ils n'ont « ni Dieu, ni maître ». Ils sont bien les seuls au monde à connaître cette situation bénie. Mais inconscients, une fois de plus, de leur propre réussite, ils n'en ressentent aucune fierté.

3

Le meilleur du

« plus mauvais système »

La démocratie ? « Le plus mauvais système à l'exception de tous les autres » aux yeux de Churchill. Mais les démocraties ne se valent pas toutes. En fonction de quels critères les classer ? La qualité du suffrage universel. L'indépendance à l'égard des autres puissances : l'argent au premier chef et les corps intermédiaires tournés vers leur seul intérêt. Le fonctionnement des pouvoirs et contre-pouvoirs. La capacité d'action du système politique.

47

L'Europe est, sur ces bases-là, un espace où la démocratie fonctionne mieux qu'aux Etats-Unis. C'est le produit de l'Histoire mais surtout l'effet d'une contagion de la vertu. Comme en matière de libertés publiques, se développe au sein des vingt-sept Etats membres une émulation, consciente ou non, qui pousse les moins bonnes démocraties à s'aligner sur les meilleures. De là une convergence qui, sans viser une illusoire homogénéité, dessine une fois de plus, un modèle européen. Même lorsqu'elle semble au point mort, l'Europe chemine grâce à ce jeu perpétuel qui oblige les membres de l'Union à regarder par-dessus l'épaule du voisin et à l'imiter, au nom d'une philosophie éminente, fût-elle inavouée : toujours plus de libertés, toujours plus de démocratie.

Dans aucun Etat de l'Union, y compris les convertis les plus récents à la démocratie, n'auraient été tolérées la palinodie du scrutin présidentiel américain en 2000, et l'impasse dans le décompte des votes en Floride. Même le voisin mexicain ne se serait pas autorisé une telle mascarade. Des listes d'inscrits contestables, des pressions sur les électeurs, des machines à voter obsolètes et suspectes, un décompte fait sur des bases aléatoires : telle s'est révélée l'élection la plus importante au monde. Avec pour dénouement une Cour Suprême qui n'a pas fait le juge de paix en recomptant elle-même les votes, mais qui a interrompu brutalement le décompte de façon à assurer, comme la majorité de ses membres le souhaitait, l'élection de George W. Bush. Si les observateurs envoyés par l'Union Européenne aux quatre coins du monde, dès qu'une élection a lieu, étaient intervenus en Floride, ils n'auraient pas validé un processus digne d'une République bananière.

Et encore se polariser sur cet accident fait-il litière, de manière générale, de listes électorales mal établies, des opérations de dissuasion menées auprès des électeurs les plus faibles et d'un taux d'abstention de 50 % aux présidentielles, ce qui relativise les mérites du suffrage universel américain. Aucun de ces dérapages n'est possible en Europe : les listes sont incontestables, les pressions directes rarissimes et l'abstention faible à l'occasion des scrutins les plus importants. Les Etats-Unis appartiennent, en matière de machinerie électorale, au tiers-monde ; l'Europe est, elle, la quintessence du monde développé.

Le diagnostic est le même à propos du financement des campagnes. Les élections américaines donnent lieu à une débauche de moyens ; la publicité politique ne connaît de limite ni financière, ni éthique ; tous les coups sont permis. Et la décision récente de la Cour

Suprême, qui libère les donations d'entreprises, va exacerber la toute-puissance de l'argent. Ainsi au lieu d'entrer, comme les Européens, dans un processus de réglementation et de limitation des dépenses, les Etats-Unis connaissent-ils une évolution inverse : les rares freins légaux sont en train d'être annihilés. L'orgie financière menace.

En Europe, la palme de la vertu revient à la France. Contrepartie des excès passés, la législation est sévère : plafonnement des dépenses aux élections locales et législatives, au risque de voir l'élu invalidé et déclaré inéligible pour un an ; mêmes règles pour l'élection présidentielle mais au prix d'une application plus aléatoire. L'architecture de l'ensemble est simple : financement des partis par l'Etat ; interdiction des contributions d'entreprises ; limitation des dons personnels à 7 500 euros avec, comme seule échappatoire, la

multiplication des micro-partis ; interdiction de la publicité politique.

La même philosophie commence à
imprégner la plupart des pays du continent – financement public, limitation
des dons individuels, prohibition des
dons d'entreprises. Seul le Royaume-Uni
demeure rétif, au nom du principe de
liberté, à de telles restrictions mais de
récents scandales le pousseront, en cette
matière comme en d'autres, à rejoindre
le peloton de ses partenaires. Encore
faut-il une exception qui confirme la
règle : aucun de ces dispositifs ne vaut
en Italie pour Berlusconi, mais le
« péronisme » ploutocratique et médiatique qu'il incarne ne sera pas éternel.

Le poids des lobbys et des intérêts
particuliers est un autre handicap pour la
démocratie américaine. Prendre barre sur
les hommes publics exige de les financer
et de peser sur leur action quotidienne.
Depuis l'époque où Tocqueville avait mis

l'accent sur le poids des corporations vis-à-vis du pouvoir, la situation n'a fait qu'empirer. Le Congrès est la chambre d'écho des lobbys et les règles de transparence imposées par le Lobbying Disclosure Act n'y changent rien : 43 % des membres de la Chambre des Représentants et 50 % des sénateurs ayant quitté le Congrès depuis 1998 ont, en toute légalité, rejoint des cabinets washingtoniens de lobbying. Comment s'étonner dès lors de la toute-puissance qu'exercent ces officines sur le processus législatif ? Le fait qu'au nom de la séparation des pouvoirs, la loi sur l'accès des personnes privées à l'information – la loi Freedom of information – ne s'applique ni aux textes, ni aux correspondances internes au Congrès, contribue à fabriquer une boîte noire au cœur de laquelle tout est possible. L'attitude des compagnies d'assurances et des groupes pharmaceutiques face aux projets de Health

Care de Barack Obama témoignait d'une impudence sans limites. Ni remords, ni mauvaise conscience, ni autorestriction : rien n'est interdit ; tout est possible.

Il serait naïf d'imaginer la sainte Europe à l'abri de groupes de pression. Mais comparée à la violence et à la puissance de leurs alter ego américains, l'attitude des lobbys européens relève du scoutisme. Le Parlement Européen et la Commission sont les institutions les plus intensément pénétrées par le lobbying mais ils ne subissent que de délicates caresses au regard des coups de boutoir pratiqués tous les jours à Washington. Les groupes de pression américains présents à Bruxelles ont dû apprendre, à leur corps défendant, à faire preuve d'une diplomatie et d'une discrétion qui ne leur étaient pas familières. Quant au lobbying qui s'exerce en Europe sur chacun des Parlements nationaux, c'est un jeu d'enfant par rapport au tir « à balles réelles » qui se pratique au Congrès des Etats-Unis.

Le pouvoir exécutif n'est, de ce point de vue, pas mieux loti aux Etats-Unis que le législatif. Les mœurs de l'époque, où régnait le complexe militaro-industriel, n'ont guère changé. En témoigne l'absence de restrictions au « pantouflage » des membres de l'exécutif. Ce pays théoriquement puritain ignore les commissions de déontologie auxquelles les fonctionnaires doivent se soumettre dans la vieille Europe, avant de rejoindre le secteur privé. Et les pays de « la nouvelle Europe » s'alignent, nolens volens, sur leurs partenaires de l'Ouest davantage que sur leur modèle de cœur américain. N'importe quel homme politique européen – y compris dans l'Italie de Berlusconi – serait ainsi horrifié par la manière dont les contrats liés à la guerre d'Irak ont été attribués. Sans appel d'offres, de gré à gré. Allant pour l'essentiel aux entreprises qui avaient financé la campagne de George W. Bush. La démarche a atteint son paroxysme avec l'incroyable prébende offerte à Halliburton, principal contractant du Pentagone en Irak, dont Dick Cheney avait été le patron avant de devenir Vice-Président et dans laquelle il détenait encore des stock-options. C'est Richelieu arrondissant son pécule ou Talleyrand faisant, comme il l'a dit, « une immense fortune ».

Ces mœurs du tiers-monde sont inimaginables en Europe. Les quelques affaires de corruption sur le Vieux Continent sont par comparaison des enfantillages. Imagine-t-on en Allemagne un Vice-Chancelier qui aurait été auparavant patron de Siemens, parrainant sans appel d'offres le contrat du siècle au profit de son ancienne maison ? Ou en France, le PDG de Vinci devenu Premier Ministre, offrant à cette entreprise, et de gré à gré, le monopole des lignes TGV à construire ? Faut-il que cette corruption molle fasse l'objet d'un consensus aux Etats-Unis pour que, si souvent vindicative, la presse américaine se contente d'administrer quelques piqûres d'épingle.

Dans un monde surplombé par le marché, le risque est quotidien de voir l'argent s'imposer subrepticement au pouvoir politique. L'Europe essaie cahin-caha de résister à cette évolution, au nom de ses traditions et d'un sens ancien de la « res publica ». Empiriques, les Etats-Unis se vautrent dans les compromissions financières, même s'ils vivent dans un halo de moralisme et de bonne conscience.

Si la démocratie se mesure à l'intensité des pouvoirs et contre-pouvoirs, les Etats-Unis gardent-ils l'ascendant sur ce plan ? En théorie, oui ; en pratique, rien n'est moins certain. Nulle part la théorie des « checks and balances[1] » n'a été aussi étayée qu'outre-Atlantique. Même l'Allemagne, qui est allée plus loin sur ce terrain-là que les Etats-Unis, ne s'est pas livrée à un tel effort conceptuel, se contentant du cadre rassurant de la philosophie « habermassienne » du « patriotisme constitutionnel ».

La Fédération face aux cinquante Etats, le pouvoir présidentiel équilibré par le législatif, la Cour Suprême en surplomb du système : tout semble réglé comme du papier à musique.

L'Europe ne ressemble guère, par comparaison, à un jardin à la française. C'est déjà entre les deux Etats moteurs de la construction communautaire que les différences sont les plus grandes. D'un côté du Rhin, un régime hyper-parlementaire, une cohabitation subtile entre le « Bund » et les « Länder », un

____

1. Pouvoirs et contre-pouvoirs

juge constitutionnel omniprésent, des contre-pouvoirs à tous les étages de la société, depuis la cogestion dans les entreprises jusqu'au rôle des fondations et des Eglises. De l'autre côté du Rhin, une monarchie élective, sauf dans les cas rares de cohabitation – neuf ans sur cinquante-deux –, une omnipotence présidentielle tempérée moins par le Parlement que par le juge constitutionnel et l'opinion publique, une anémie des acteurs de la société civile. Entre ces deux modèles extrêmes, un nombre considérable de variantes : un régime parlementaire au Royaume-Uni où le Premier Ministre jouit, aussi longtemps qu'il est politiquement fort, d'un quasi-ascendant présidentiel ; une Espagne qui flirte avec le fédéralisme sans vouloir l'assumer formellement ; une Belgique presque confédérale sans l'accepter et une myriade de régimes parlementaires avec un accent différent mis, ici ou là, sur le pouvoir gouvernemental, la fonction d'arbitre du Chef de l'Etat, le rôle des Assemblées.

Mais même si en ce domaine la contagion est moins forte qu'en d'autres, la naissance subreptice d'un espace démocratique commun, l'apparition en pointillé d'un citoyen européen, le développement d'une opinion publique de plus en plus identique au sein des « vingt-sept », tempèrent les différences. La France est, malgré les apparences, moins monarchique. En témoigne l'ascension du Conseil Constitutionnel depuis l'apparition de la « question préjudicielle de constitutionnalité ». Le Royaume-Uni a accepté de limiter le centralisme parlementaire avec la dévolution des pouvoirs au profit de l'Ecosse et du Pays de Galles. L'Italie essaie de faire émerger, au-delà des pitreries berlusconiennes, un pouvoir exécutif plus fort. L'Espagne contient les tendances centrifuges. Et, malgré une embardée de temps à autre, si explicable par leur passé, les pays de l'Est membres de l'Union se glissent dans le costume de démocraties accomplies.

S'ajoute enfin au tableau constitutionnel un critère d'efficacité : le pouvoir exécutif a-t-il, compte tenu du contexte institutionnel, les moyens d'agir ? C'est là que le bât blesse du côté américain. S'il ne dispose pas de fait d'une majorité de soixante voix sur cent au Sénat, le Président américain est obligé de trouver des compromis avec le législatif sur tous les sujets et est, en fait, dans la main du Congrès. S'il est maître d'une telle majorité qualifiée, il est néanmoins à la merci d'escarmouches parlementaires qui résultent d'un mélange instable de sens de l'intérêt général, de préoccupations locales et de mauvaises pensées intéressées. Aucun gouvernement européen n'est acculé de la même manière, y compris dans la démocratie la plus complexe, en l'occurrence l'Allemagne. La Chancelière a une autonomie plus grande vis-à-vis de son Parlement, malgré la nécessité de compromis permanents. Quant au Président français ou au Premier Ministre britannique, ils regardent l'enlisement institutionnel de leur alter ego américain comme une bizarrerie exotique.

Mais, au-delà des mécanismes constitutionnels, ce sont la polarisation croissante du débat aux Etats-Unis et, par contraste, l'homogénéité grandissante des idéologies en Europe qui expliquent le décalage dans le fonctionnement des pouvoirs. Ce qui vaut outre-Atlantique en matière de convictions religieuses, de science, d'enseignement, s'applique naturellement dans la sphère politique. La radicalisation de la droite, le poids du lobby évangéliste, le préjugé racial à l'égard d'Obama expliquent les tensions conflictuelles entre la majorité et l'opposition et le développement d'un climat de guerre civile froide. L'Europe se caractérise au contraire, en matière politique comme sur les sujets de société, par un consensus inavoué. En quoi la coalition au pouvoir en Angleterre est-elle aux antipodes du blairisme ? Leader d'une « petite coalition » avec les libéraux, l'Angela Merkel d'aujourd'hui est-elle l'antithèse de l'Angela Merkel qui gouvernait en « grande coalition » avec les sociaux-démocrates ? Lorsque Jacques Chirac et Lionel Jospin cohabitaient, les différences étaient-elles, au-delà des postures, si grandes entre le radical-socialiste déguisé en gaulliste et l'ancien trotskiste devenu un social-démocrate prudent ? Et, même en Espagne, où le vocabulaire politique demeure belliqueux, il faut un microscope pour mesurer les différences entre les gouvernements socialistes et libéraux qui se sont succédé depuis trente ans au pouvoir.

Il existe un humus idéologique européen : la politique devient, de ce fait, de moins en moins violente, de plus en plus éthique, de plus en plus vertueuse, en un mot de plus en plus civilisée. De cela aussi, nous pouvons être fiers.

4

Le plus riche n'est pas
celui qu'on croit

Le réquisitoire est bien connu : il suffit de lire le *Wall Street Journal* et de suivre son onde de choc idéologique dans le discours politique et la rhétorique médiatique des deux côtés de l'Atlantique. Sur le versant ouest de l'Océan, une croissance plus vigoureuse, un chômage plus faible, une dynamique technologique toujours renouvelée, une pulsion entrepreneuriale jamais démentie, une innovation promue au rang de culte, une liberté d'agir, de faire, de renaître, de rebondir. Sur le versant oriental, une croissance alanguie, un chômage élevé, un corset de prélèvements obligatoires, une rigidité réglementaire, une bureaucratie tatillonne. Un chiffre suffit, dans cette démonstration, à traduire la différence d'efficacité entre les deux continents : un produit intérieur par habitant, à parité de pouvoir d'achat, de 41 400 dollars en 2005 pour les Etats-Unis et de 27 300 pour l'Europe des vingt-cinq. L'écart demeure, même vis-à-vis des grands pays européens : ainsi le PIB par habitant, toujours à parité de pouvoir d'achat, est-il en 2006, sur la base d'un standard de 100 pour la moyenne de l'Europe des vingt-sept, de 154,6 pour les Etats-Unis, 119,1 pour le Royaume-Uni, 113,6 pour l'Allemagne, 112,8 pour la France, 102,4 pour l'Espagne. Cette description très fruste se garde bien de mettre en exergue le prix macroéconomique de l'avance américaine : un surendettement de l'ensemble des acteurs outre-Atlantique et en particulier des ménages, alors qu'en Europe ces derniers sont, Royaume-Uni mis à part, de vraies fourmis avec un taux d'épargne de l'ordre de 15 % du PIB. Le déséquilibre américain devra un jour être résorbé, chacun le sait, au prix d'une nouvelle récession ou d'une stagnation durable.

L'écart entre les Etats-Unis et l'Europe n'est pas, comme le pensent la plupart des observateurs, en train de s'agrandir. L'avantage, en termes de taux de croissance, semble certes durablement du côté américain : 3,3 % de 1996 à 2005 contre 2,3 % en Europe. Mais corrigé de l'évolution de la population, il s'inverse : le PIB par tête a augmenté depuis 1980 de 1,95 % par an de ce côté-ci de l'Atlantique, contre 1,83 % de l'autre côté.

Le vrai débat est en fait ailleurs : si l'économie doit viser le meilleur équilibre possible entre compétition et protection, efficacité et égalité, la réussite est incontestablement européenne. D'aucuns se sont essayés à prendre en compte ces paramètres en corrigeant la mesure brute du PIB et en y intégrant le temps de travail, la précarité liée au chômage, l'espérance de vie en bonne santé, les inégalités, la « soutenabilité » de la croissance[1]. Résultat pour 2004 en pourcentage de la moyenne des pays : à 126 % pour le PIB, les Etats-Unis tombent à 109 % pour le niveau de vie et la France passe de 92 % à 107 %. Celle-ci connaît la progression la plus forte des pays européens, parce qu'elle fait une part plus grande que d'autres à la protection et à l'égalité, à travers un niveau particulièrement élevé de prélèvements. Il existe d'innombrables analyses de ce type, toutes aussi rudimentaires et grossières, mais elles esquissent à grands

____

1. Travaux du CEPEI réalisés par MM. Fleurbaey et Gautier, 2006.

traits la difficulté de juger deux modèles aussi différents avec l'instrument sommaire du seul PIB. Si on décide de mesurer la richesse d'un pays sur la base non du seul revenu monétaire mais à travers l'addition de ce revenu et du temps libre, le panorama se transforme. Ainsi le nombre annuel d'heures travaillées était-il plus élevé en Europe en 1960 : 2 148 heures contre 1 956 aux Etats-Unis. Il était approximativement égal en 1975 : 1 850 heures ici, 1 826 là-bas. Il est, depuis lors, devenu significativement inférieur : 1 578 heures sur notre continent ; 1 775 du côté américain.

Les Européens ont fait, depuis cinquante ans, un arbitrage dans la répartition de leur surcroît de richesses : ils ont consacré une part trois fois plus grande à la baisse du temps de travail que les Américains. C'est l'expression d'un choix de société qui, s'il a connu son paroxysme en France avec les trente-cinq heures, est néanmoins l'apanage de l'ensemble des travailleurs européens. Dédiant un temps plus réduit à l'exercice de leur métier, les Européens ont été obligés de travailler plus intensément afin de maintenir leur niveau de vie. D'où la contradiction entre la productivité de la main-d'œuvre par personne employée, plus élevée aux Etats-Unis – 8 700 dollars à parité de pouvoir d'achat en 2006 contre 8 100 en France –, et la productivité horaire, plus forte en Europe : 53 dollars la même année en France contre 50 dollars aux USA. Travailler plus intensément pour travailler moins : telle est la philosophie européenne et singulièrement française.

Autre choix de société : une plus ou moins grande aspiration égalitaire. Ainsi, en 1975, la part du centile supérieur – le 1 % le plus riche – dans le revenu total est-elle la même aux Etats-Unis et en France : 8 %. Elle reste dans notre pays à ce niveau-là jusqu'à aujourd'hui, alors qu'elle s'envole outre-Atlantique : 14 % en 1990, 22 % en 2000, 24 % en 2005 ! La croissance moyenne par foyer suit la même tendance pendant la même période : 265 % pour le 1 % le plus riche aux Etats-Unis ; 34 % en France avec pour contrepartie une hausse de 20 % pour les 99 % restants de la population américaine et de 26 % en France[1]. Comme les taux d'imposition sur le 1 % le plus privilégié est voisin aux Etats-Unis (22 % en 2007) et en Europe (par exemple 25 % en 1998 en France), c'est au niveau du revenu primaire que les Américains les plus privilégiés se sont gobergés. Effet de la financiarisation de la vie économique, amoindrissement du contre-pouvoir syndical, culte exacerbé de la réussite

---

1. Cf travaux de Thomas Piketty, Camille Landais et Emmanuel Saez.

individuelle : autant d'explications de cette incroyable dérive.

Au-delà de l'écart croissant entre les ultraprivilégiés et le reste de la société, c'est l'ensemble du spectre des revenus qui est plus inégalitaire aux USA : ainsi en 2000 la mesure la plus incontestable – le coefficient de Gini – y est-elle de 35,7 contre 27 pour l'Allemagne et la France ; seul le Royaume-Uni se rapproche, après la cure thatchérienne, de son jumeau américain : 32,6. Le résultat est impressionnant : alors que les Etats-Unis ont pratiqué une « accumulation primitive » digne de la prophétie marxiste, l'Europe avec la France en figure de proue s'est comportée de façon classiquement sociale-démocrate.

Les taux de prélèvement en constituent une autre illustration : étagés entre 36 % et 44 % pour la tranche marginale supérieure de l'impôt sur le revenu de ce côté-ci de l'Atlantique, ils ne sont que de

28 % là-bas. Ils témoignent d'une politique de redistribution plus active ici – ce n'est pas une découverte – mais aussi d'investissements publics plus massifs. Au traditionnel cas des moyens de transport – les lignes à grande vitesse européennes face à la chaotique navette New York-Washington ou le métro malodorant de Manhattan comparé au réseau parisien, berlinois ou madrilène – s'ajoutent des exemples plus modernes : ainsi de la généralisation de l'Internet haut débit beaucoup plus développée en Europe qu'aux Etats-Unis, grâce à l'action des anciens monopoles nationaux qui, quoique cotés en Bourse, demeurent comptables, aux yeux des régulateurs, d'objectifs d'intérêt général.

Aucune de ces différences n'est à la mesure du rappel aux réalités qu'a constitué le vote de la loi sur le Health Care. Consacrant 16 % du PIB à la santé contre 11 % en France et en

Allemagne et 8 % en Grande-Bretagne, les Etats-Unis n'avaient pas de couverture maladie pour l'ensemble de la population, jusqu'au coup de boutoir de Barack Obama. Cinquante millions de citoyens du pays le plus puissant du monde sans protection : situation confondante aux yeux des Européens, qui ont tous réglé ce problème au lendemain de la Deuxième Guerre mondiale.

Moins surprenante, mais néanmoins révélatrice : l'indemnisation du chômage de longue durée. Forts de leur optimisme viscéral et de l'efficacité de leur marché du travail, les Américains ont toujours cru qu'il n'existait chez eux de chômage que de courte durée. De là leur désarroi face à la récession de 2008 et 2009, dont l'intensité a suscité un allongement « à l'européenne » de la durée moyenne du chômage avec à la clé l'obligation d'aider la population concernée. La réalité est connue :

il vaut mieux être Américain quand on est riche et bien portant et Européen lorsqu'on est pauvre et malade.

La social-démocratie et l'économie sociale de marché – vues de New York, Pékin, Brasilia, c'est la même chose – européennes sont en revanche en retard dans un domaine où leur modèle aurait dû donner de meilleurs résultats que le libéralisme américain : la recherche-développement et l'enseignement supérieur. C'est l'investissement privé qui fait paradoxalement la différence. Les dépenses publiques sont voisines sur ce terrain-là des deux côtés de l'Atlantique mais le secteur privé est d'une efficacité incommensurablement plus grande aux Etats-Unis. De là l'écart entre les grandes universités américaines et leurs concurrentes européennes – Oxford et Cambridge mises à part – et la différence en matière d'innovation entre la Silicon Valley et le plateau de

Saclay ou le complexe technologique de Munich.

Dans une analyse statique, le modèle européen vaut largement son concurrent américain, dès lors que les éléments de comparaison prennent en compte une vision plus large de la société que le seul étalon monétaire. La seule question qui vaut pour l'Europe tient à la permanence de cet état de fait. Le subtil équilibre protection versus compétition, égalité versus efficacité peut-il résister à la pression de la mondialisation ? Les Etats-Unis sont eux, de leur côté, à la merci d'un doute macroéconomique : la révérence à l'égard de la puissance américaine suffira-t-elle à assurer la perpétuation d'une équation contraire à toutes les règles, c'est-à-dire l'accumulation, sans sanction monétaire, de déficits budgétaire et commercial, interne et externe, abyssaux ?

La survie du modèle européen exige un surcroît d'efficacité, car la montée des pays émergents semble rendre notre confort collectif suranné. Celui-ci suppose de raboter à la marge les mécanismes de protection – retraite, financement du chômage, dépenses budgétaires – et de se lancer dans une course éperdue à l'innovation et à l'inventivité. Ce ne sont pas des causes perdues. Le plan Schröder a montré il y a quelques années combien quelques efforts de proportion raisonnable suffisent à remettre d'aplomb une économie aussi avancée que celle de la République fédérale. Les progrès de la flexibilité partout en Europe continentale, les réformes des retraites imposées par la démographie, les économies budgétaires auxquelles nous oblige la pression des marchés : autant de changements qu'on aurait imaginés, il y a dix ans, hors de portée des sociétés européennes. Ils se mettent en place sans excessifs combats d'arrière-garde, ce qui témoigne de la maturité de l'opinion.

La bataille pour l'innovation est, à certains égards, plus difficile. Comprimer les dépenses de protection sociale est impératif sous peine d'une insupportable sanction de la part des investisseurs internationaux. Faire nôtre l'obsession de l'innovation est en revanche un choix : rien ne nous y contraint à court terme, hormis la compréhension intelligente des enjeux. De là le risque de décaler sans cesse le passage à l'action. L'Union Européenne avait établi de ce point de vue son cahier des charges avec la « stratégie de Lisbonne ». Dix ans plus tard celle-ci n'a pris, sur le plan de l'analyse, aucune ride mais l'effort n'a été que parcellaire et ponctuel.

Si les Européens veulent préserver un modèle d'équilibre sans égal au monde, c'est à leur portée. Encore faut-il qu'ils sachent agir à froid et non sous la seule férule des investisseurs internationaux. C'est, une fois de plus, de l'émulation entre les Etats membres que viendra la solution. La contagion est, en matière budgétaire, allemande ; en politique industrielle, française ; en innovation, britannique ; en technologie, scandinave. Chacun copie l'autre sans le vouloir et parfois sans le savoir. Etonnante course-poursuite que les pères du Traité de Rome n'avaient pas imaginée : ils croyaient aux vertus de l'émulation dans le seul espace marchand ; ils n'imaginaient pas que les politiques publiques passeraient, elles aussi, sous la toise de la comparaison, de la compétition et de l'imitation.

L'incertitude américaine, elle macro-économique, est du même ordre : sera-ce une ascèse voulue ou subie ? Croire qu'un pays peut éternellement s'abstraire de la « loi de la pesanteur » économique est un leurre. Les consommateurs américains devront, un jour, redevenir des épargnants, et les acteurs publics – l'Etat fédéral et les cinquante

Etats – n'auront d'autre choix qu'une purge, à l'instar pour les plus endettés de la Grèce, pour les autres de l'Espagne, et pour les meilleurs de la France. Si ces changements ne se produisent pas à froid, une chute brutale du dollar les obligera à le faire à chaud.

Mais ces interrogations pour l'avenir en Europe et aux Etats-Unis ne changeront pas les différences entre les deux modèles. Soumis à une politique restrictive, les Etats-Unis auront encore moins de moyens budgétaires pour « s'européaniser » : peut-être deviendront-ils moins inégalitaires dans un contexte psychologique plus austère mais ils ne pourront céder à un prurit redistributif par manque de ressources. Du côté européen, l'ampleur du recul de l'Etat-providence dépendra de la capacité d'innovation de l'économie, mais même si l'évolution est sur ce plan-là décevante, les sacrifices à accomplir ne sont pas tels qu'ils altèrent la philosophie du modèle.

Avec pour compétiteurs des Etats-Unis dont la supériorité n'est pas si évidente, des pays émergents loin d'avoir atteint le même degré de civilisation économique, l'Europe peut se targuer, une fois laissés de côté les confettis démographiques que sont le Canada, l'Australie et la Nouvelle-Zélande, d'avoir inventé un modèle incontesté.

Pourquoi cette réalité n'est-elle pas une vérité de bon sens ? Parce que ce mode d'organisation est aux antipodes de la vulgate dominante, naïvement pro-marché et anti-Etat-providence. Parce que les Américains pratiquent l'autosatisfaction, fût-elle injustifiée et que, de notre côté, nous nous complaisons dans l'autodérision, fût-elle, elle aussi, inappropriée.

Faisons un pari : avec des sociétés civiles de plus en plus actives, des groupes d'intérêt de plus en plus présents, des acteurs de plus en plus revendicatifs, la vision européenne de l'économie deviendra la référence. Elle sera de plus en plus moderne parce qu'elle évite le totalitarisme du seul marché et qu'elle a répudié, l'expérience communiste aidant, la tentation du Tout-Etat. Elle est, comme dans la sphère politique, synonyme d'équilibre : l'Europe du vingt et unième siècle se replace, de ce point de vue, sur les traces de l'Europe du dix-huitième siècle.

5

Le prosélytisme de la vertu

Le moment paraît préhistorique où, la guerre d'Irak aidant, les Etats-Unis étaient, aux yeux de Kagan, un « hard power » et l'Europe un « soft power[1] », les premiers étant assimilés à Mars et la seconde à Vénus. Le guerrier américain a perdu, une fois de plus, de sa superbe dans un conflit post-colonial et la seconde vit de moins en moins comme une aliénation d'être la plus grande puissance « soft » du monde. Quelles sont les armes de Vénus ? L'exemplarité, la morale et la réglementation.

---

1. Pouvoir dur et pouvoir mou.

L'obsession « verte » est née aux Etats-Unis avant de conquérir l'Europe, mais aujourd'hui c'est cette dernière qui mène le bal et essaie de rallier le monde à ses vues par une diplomatie de l'exemple, fût-elle difficile. L'écologie n'a certes pas disparu de la scène américaine : réglementations diverses, procès, « class actions » en témoignent. Mais la force des lobbys énergétiques et industriels a obtenu du Congrès qu'il rende impuissant le Président. Adopté en 1997, le protocole de Kyoto traduisait le volontarisme du monde occidental. Mais lorsque le Président Clinton s'est vu refuser par le Sénat sa ratification, le pouvoir exécutif s'est mis aux abonnés absents de la lutte contre les émissions de gaz à effets de serre. Le nationalisme borné de l'administration Bush a naturellement renforcé ce splendide isolement. Même au firmament de sa gloire, au lendemain du prix Nobel, Barack Obama a été politiquement incapable de renverser la tendance, malgré sa prédilection personnelle pour l'action multilatérale.

L'Europe n'a cessé, dès lors, de faire cavalier seul. Alors que Kyoto exigeait une réduction des émissions de gaz à effet de serre de 8 % entre 1990 et 2012, l'Union Européenne était dès 2006 parvenue à 7 % alors que pendant la même période les Etats-Unis avaient augmenté leurs propres émissions de 17 %. A cette date, l'Europe, alors à quinze, produisait 40 % de moins de gaz à effets de serre que les USA, alors qu'elle avait un PIB supérieur de 10 % et une population supérieure de 20 %. Loin de poser sac à terre, les Européens n'ont cessé d'aller plus loin, à la fois pour répondre aux préoccupations de leur propre opinion et pour entraîner, à leur suite, le reste du monde. Ainsi ont-ils adopté fin 2008, sous la présidence française, le « paquet climat-énergie » : 20 % d'amélioration de l'efficacité énergétique, 20 % d'énergies renouvelables et 20 % de diminution des gaz à effets de serre (par rapport à 1990), les trois objectifs devant être atteints en 2020. Il était, de surcroît, prévu qu'en cas d'accord international satisfaisant, ce dernier chiffre serait porté, dans le même calendrier, à 30 %.

Forte de l'ensemble de ces décisions, l'Europe a tablé sur l'exemple qu'elle croyait donner au monde entier pour que celui-ci s'engage à l'imiter lors du sommet de Copenhague en décembre 2009. La croyance des vingt-sept au seul prosélytisme de la vertu a certes buté à ce moment-là sur la « Realpolitik » : des Etats-Unis incapables de prendre des engagements trop contraignants, des pays du Tiers-Monde peu désireux de brider leur croissance par un effort écologique à leurs yeux prématuré, une Chine montrant pour la première fois une pulsion arrogante et dominatrice.

Le compromis final, plus indicatif que normatif, a été une déception pour les Européens, mais sans leur insistance et leur diplomatie de l'exemple, rien n'aurait été conclu. Une question s'est immédiatement posée au retour de Copenhague : les Européens devaient-ils considérer l'accord comme suffisamment satisfaisant pour passer, de leur propre chef, à l'objectif de réduction de 30 % en 2020 ? Alors que dans l'énervement post-sommet, la première réaction des vingt-sept a été négative, l'Allemagne, la France, le Royaume-Uni se sont néanmoins déclarés favorables, quelques mois plus tard, aux 30 %. Les trois grands européens ne veulent pas renoncer à la politique de l'exemple. Ils sont convaincus que c'est, pour l'Europe, le meilleur instrument possible d'influence, dès lors que celle-ci est dépourvue des armes classiques de la puissance, c'est-à-dire d'une force militaire à la mesure de sa réalité économique.

Au-delà de la gesticulation internationale, la même approche prévaut, dans le quotidien, en matière de normes d'environnement et de protection des consommateurs. Ainsi l'Europe est-elle plus sévère depuis plus de vingt ans sur ces sujets que les Etats-Unis, et le reste du monde ne peut s'affranchir de la contrainte qui lui est ainsi indirectement infligée, tant le marché européen est irremplaçable pour tout exportateur mondial. On a vu des producteurs américains d'OGM renoncer à lancer de nouvelles variétés qu'ils pensaient inacceptables au regard des règles européennes. Ainsi l'Europe parvient-elle, sur un enjeu essentiel, à donner le tempo au monde entier. Même si ses rivaux se refusent à lui emboîter complètement le pas, ils sont forcés d'agir dans le sens de l'intérêt général plus qu'ils ne l'auraient fait spontanément.

Dans sa relation avec le monde pauvre, l'Europe se veut aussi exemplaire et morale. Dans son discours, de loin le plus tiers-mondiste et le plus attentif aux autres, elle se comporte, en effet, comme entité politique, avec les mêmes objectifs que les plus grandes institutions privées américaines, la Fondation Gates ou la « Clinton Global Initiative ». C'est une préoccupation présente depuis le début de la construction européenne vis-à-vis de l'Afrique. Dès 1963, la Communauté signait la Convention de Yaoundé avec la plupart des pays de l'Afrique subsaharienne. Ces accords n'ont cessé d'être améliorés, une fois élargis aux pays pauvres des Caraïbes et du Pacifique. Ils jouent sur deux leviers : l'aide directe et une préférence tarifaire afin de faciliter les exportations. Les chiffres sont édifiants : l'Europe contribue, à

travers les subsides de l'Union et des
Etats membres, à 55 % de l'aide
directe mondiale aux pays pauvres ; le
ratio atteint même 60 % pour la seule
Afrique. De même, sur le plan commercial, alors que les exportations
africaines vers les Etats-Unis et la Chine
concernent pour 90 % les ressources
naturelles et pour 10 % les produits
manufacturés et agricoles, les pourcentages sont vis-à-vis de l'Europe
de 60 % et de 40 %, ce qui témoigne
de l'efficacité des avantages douaniers
que nous avons octroyés aux pays du
Tiers-Monde.

De même est-ce toujours l'Europe qui
donne le la en matière d'annulation de
dettes vis-à-vis des Etats les plus pauvres
de la planète. Toujours désireux de mon-
trer l'exemple, les Européens s'étaient
engagés à doubler d'ici 2015 le pourcentage du PIB destiné à l'aide directe. La
crise fera certes litière de cet objectif mais

il témoigne du même état d'esprit que dans le domaine de l'environnement.

Face à une Chine dont la percée en Afrique ne laisse guère de place à l'altruisme et se concentre sur la maîtrise des ressources minières, et à des Etats-Unis dont la politique d'aide est allée vers des pays à forte signification straté-gique, les Européens se révèlent plus désintéressés. Sans doute ne sont-ils pas indifférents aux retombées politiques : courant derrière leur statut de grands pays et désireux de doper leur poids aux Nations Unies avec les voix de leurs anciennes colonies, les vieilles puissances impériales – Royaume-Uni et France – sont les plus attentives pour gérer les retombées de leur générosité.

Face à une opinion publique occiden-tale de plus en plus sensible au culte des droits de l'homme, l'Europe fait, là aussi, bonne figure. Son exemple suffit certes moins à mettre ses rivaux en mouvement que dans le domaine de l'environnement, où la peur d'un désastre écologique mondial, dont nul ne pourra s'abstraire, finit par exercer une pression sur les Etats les plus rétifs ou au moins sur la partie la plus éclairée de leurs opinions publiques.

Quand elle ne peut pas invoquer la vertu de l'exemple, l'Europe n'hésite pas à se réclamer, plus que d'autres, de préceptes moraux. Ainsi du combat qu'elle a mené pour l'instauration d'une Cour Pénale Internationale. L'obstacle a été, une fois de plus, américain. Même si le moralisme est plus ostentatoire dans une Amérique religieuse que dans une Europe laïque, les Européens ont été, sur ce sujet aussi, plus cohérents et plus combatifs. Ce ne sont pas, comme en matière d'environnement, les lobbys économiques qui ont paralysé l'administration de Washington, mais le souci nationaliste de ne jamais voir ses citoyens, a fortiori ses militaires, à la merci d'une juridiction internationale. De là des clauses d'exception et un byzantinisme légal, de manière à borner le fonctionnement des tribunaux internationaux. Il est vrai qu'un « soft power » est moins à la merci d'accusations de crimes de guerre, voire de crimes contre l'humanité, que les soldats d'un « hard power ». La morale nous est, sur ce terrain, plus aisée.

De manière générale, l'Europe est le meilleur militant de la gouvernance mondiale. Elle se veut multilatéraliste, ouverte aux nouveaux joueurs, désireuse d'instaurer des règles dans les sphères de la politique ou de l'économie. Ses discours sont sous-tendus par la vertu, la morale, le sens du partage. Sa pratique l'est moins. Lorsque ses intérêts sont en jeu, elle retrouve des réflexes égoïstes : pour défendre l'agriculture française et l'industrie lourde allemande dans le cycle de Doha ; pour sauvegarder son modèle de banque universelle dans les discussions du G 20 ; pour préserver son poids institutionnel au FMI ou à la Banque Mondiale. Mais rien n'est plus normal : le prosélytisme de la vertu n'est pas obligatoirement synonyme d'angélisme.

L'Europe croit en fait à la gouvernance internationale, parce qu'elle en est elle-même le produit à l'échelle d'un continent. Née de l'acceptation d'un partage de souveraineté, elle n'a pas d'autre identité. De même que les Etats-nations sont naturellement synonymes de politiques de puissance, l'Union Européenne ne connaît, elle, d'autre logique que la construction d'un ordre international par une succession de traités et de pas en avant. De là naturellement son désir de voir l'Organisation Mondiale du Commerce élargir sa sphère d'intervention, en intégrant des normes sociales, environnementales, consuméristes. De là sa bénévolence pour accroître les moyens et les

pouvoirs du Fonds Monétaire International. De là son désir de voir les autorités
de défense de la concurrence coopérer.
De là la politique de la Commission en
cette matière, qui n'hésite pas à intervenir
vis-à-vis d'acteurs mondiaux, tel Microsoft, afin de créer un précédent et
d'entraîner à sa suite ses collègues. De là
la posture de l'Europe lors de la crise
financière.

Idée française devenue européenne,
la création du G 20 en est la meilleure
illustration. Asseoir autour d'une même
table les principaux acteurs mondiaux,
afin de faire prévaloir l'esprit de coopération sur le désir d'affrontement, c'est
projeter à l'échelle du monde ce qui
fonctionne à la table du Conseil Européen. Mais aux yeux des Européens,
discuter n'est pas en soi une finalité ;
l'édiction de règles et de normes doit
constituer le point d'aboutissement. Ce
n'est pas pour les autres joueurs une

évidence. Eux sont prêts à se réunir, par respect des usages ; ils ne sont pas des hérauts de la réglementation. Ni les Etats-Unis, disposés uniquement à voir leurs propres règles généralisées au niveau international. Ni la Chine, dont les ambitions se déploient mieux dans un univers dérégulé. Ni les « petits nouveaux » – Inde, Brésil – aux yeux desquels la crise financière est l'apanage exclusif du Vieux Monde et qui sont donc peu désireux d'être enfermés, par ricochet, dans un carcan. Les Européens ont obtenu, à force d'énergie, quelques concessions qui risquent, au moment de leur déclinaison pratique, de demeurer sans effets.

Mais si la crise connaît, en revanche, de nombreux soubresauts, l'instrument – le G 20 – sera là, disponible et réactif ; la démarche est connue – une Présidence dynamique – comme le fut celle de Gordon Brown au printemps 2009 ; les procédures rodées – sherpas et groupes d'experts. Vus à l'aune des espoirs européens, en particulier franco-allemands, ce sont des balbutiements mais, de la même manière que seules les crises servent de combustible au moteur européen, les secousses financières et économiques induiront d'autant plus de progrès de la gouvernance et de la réglementation qu'elles seront fortes et imprévisibles.

Il n'existe ni d'avancées dans l'altruisme international, ni d'améliorations de la gouvernance mondiale dont l'Europe n'ait pas été l'initiatrice. Ce prosélytisme de la vertu est la marque distinctive de « Vénus ». Si Mars s'y livrait, chacun s'inquiéterait : ce n'est ni le rôle, ni la mission du gendarme démocratique du monde. Quant à l'idée d'une Chine solidaire, cela relève de l'oxymoron.

Il est bon qu'il existe, au sein du concert mondial, un acteur qui remplisse ce rôle de conscience et d'aiguillon. Il n'en tire pas de pouvoir mais de l'influence. Il y trouve une façon de se légitimer, en essayant de convaincre le monde d'accomplir sur un grand format ce qu'il a fait à petite échelle. Il se projette au-delà de lui-même, ce qui en fait une grande puissance d'un genre nouveau. Il améliore sa conscience de soi et échappe, au moins sur ce plan-là, à l'autodérision. Il y trouve matière à une légitime fierté.

6

Un miracle quotidien

Les Etats membres de l'Union ont voté, en un mois, au printemps 2010, un plan de soutien à l'euro de 1 000 milliards de dollars, du même montant que le plan américain, à l'automne 2008, vis-à-vis des banques : celui-ci avait été repoussé en première instance par la Chambre des Représentants et était sorti difficilement, au bout de six mois, des méandres du Congrès. Qui a rendu hommage à l'efficacité européenne ? Personne, tant la manière d'avancer des Européens, avec leur démarche de crabe, est difficile à comprendre pour les observateurs. Or le succès du printemps 2010 n'est que l'illustration la plus récente du miracle quotidien que constitue, depuis cinquante ans, la construction communautaire. De même à l'automne 2010, les vingt-sept ont-ils décidé face à un nouvel épisode de la crise de l'euro d'une part d'instaurer un fonds permanent de solidarité et d'autre part d'avancer vers une gouvernance économique commune, progrès qui seraient apparus comme des rêves éveillés un an plus tôt. Les marchés ont servi, à leur corps défendant, de catalyseurs. Tous les pays membres de la zone euro ont en effet compris que sa destruction serait un désastre : les plus faibles parce qu'ils seraient entraînés dans un cycle de type argentin, les plus forts, Allemagne en tête, parce qu'ils perdraient leurs débouchés commerciaux.

A force de geindre sur sa lenteur, ses procédures, sa bureaucratie, ses insuffisances, toutes vraies, l'Europe oublie d'être fière de son incroyable succès : le pari de surmonter la guerre ; l'édification d'un espace de prospérité ; les élargissements réussis y compris celui, si rapide, aux anciennes démocraties populaires ; le grand marché, l'euro, Schengen et un système politique original... A regarder les phénomènes majeurs des trente dernières années – la réussite capitaliste de la Chine, le retour de la Russie à sa nature originelle pré-communiste, la victoire de la démocratie sur les anciennes dictatures d'Amérique du Sud, la fin de l'apartheid en Afrique du Sud – la construction européenne fait bonne figure. De tous ces événements, elle ne présente, elle, aucune face noire alors que la métamorphose de la Chine et la résurrection de la Russie s'accompagnent d'un sévère passif sur le plan démocratique.

Mais l'Union n'est pas lisible. Personne n'a essayé de conceptualiser son fonctionnement comme les Pères fondateurs l'ont fait pour la Constitution des Etats-Unis ou Habermas à propos de la Loi Fondamentale allemande à travers son « patriotisme constitutionnel ». De là la perpétuation de l'éternel débat : Europe fédérale versus Europe des Etats ; plan Monnet versus plan Fouchet. Or l'Europe ne relève ni de l'une, ni de l'autre mais des deux. C'est un « ovni institutionnel » qui n'entre dans aucune des catégories classiques de la philosophie politique : ni Etat-nation, ni fédération, ni confédération. C'est Jacques Delors qui a eu, une fois de plus, la meilleure intuition avec son oxymore de la « Fédération d'Etats-nations » mais, même si par définition cette expression englobe large, elle demeure impropre. En fait, l'Europe sera toujours, nous l'avons déjà dit, un animal sartrien : son existence précède son essence.

Ainsi, pendant la crise financière de 2008, a-t-elle fonctionné avec deux moteurs en apparence contradictoires.

D'un côté, une présidence française de l'Union que Nicolas Sarkozy a exercée dans un esprit très plan Fouchet : un directoire des grands Etats précédant les décisions du Conseil Européen avec la Commission reléguée au rang de secrétariat. De l'autre, une Banque Centrale Européenne, institution fédérale, gérée de manière dynamique par Jean-Claude Trichet, au nom de la vision que celle-ci avait du destin de l'Europe. Les deux chefs ont tiré dans le même sens, tout en s'appuyant sur des légitimités contradictoires. Un miracle de plus ? Ou simplement une vision partagée des enjeux ?

L'Union Européenne exprime la quintessence de la modernité : elle est une organisation en phase avec l'ère de la cybernétique et donc le jeu des effets et contre-effets et avec l'âge des réseaux, c'est-à-dire celui des impulsions au parcours aléatoire. Elle ne l'a pas toujours été. L'esprit cartésien a régné jusqu'à la chute du Mur : rien que de très naturel pour une construction modelée par l'inspiration française. Ou plutôt par une étrange alchimie entre le fédéralisme à la Monnet et le nationalisme gaulliste tempéré par la conviction, aux yeux du Général, que « l'Europe est le levier d'Archimède de la France ».

Rien n'exprimait mieux ce double lignage que les tensions constructives entre une Commission, invention géniale de Monnet, censée incarner l'intérêt général de l'Europe face aux Etats membres, et une volonté politique française qui a empêché la Communauté Européenne de se diluer dans un espace atlantique exclusivement libre-échangiste. C'est l'alliance involontaire de ces deux philosophies qui a offert à l'Europe ce que Bismarck avait enfanté pour l'Allemagne : un système à l'intérieur de frontières claires et maîtrisées.

La chute du Mur a bousculé cet équilibre en faisant perdre à l'Union Européenne la maîtrise de son espace. De ce point de vue, le rideau de fer avait du bon ; il bornait le territoire. Une nouvelle ère s'est alors ouverte : l'Europe était portée par ses habitudes de fonctionnement mais une succession de gestes empiriques a fini par dessiner une stratégie involontaire. L'élargissement à l'Est rendait floue la notion même de frontière et répondait à l'obsession des Allemands de ne pas voir la ligne Oder-Neisse devenir la limite orientale de l'Europe, comme du temps du communisme. Quant à la création de l'euro, acte décisif s'il en est, elle visait à garantir une Allemagne européenne afin, suivant le mot d'Helmut Kohl, d'éviter une Europe allemande.

Aucune de ces décisions majeures n'a été pesée, réfléchie, analysée : c'était le fruit de réactions instinctives nées, pour une part, de la mémoire historique. Ainsi de la volonté de la République Fédérale d'avoir un glacis européen entre elle et la Russie, comme si les raisonnements géographiques du passé avaient leur place à l'époque des missiles balistiques et de l'Internet. Toujours portés à la réflexion discursive, les Français furent les seuls à soulever le dilemme : Europe-puissance versus Europe-espace. Mais aucun de leurs partenaires ne voulut entrer dans ce débat, dont les termes étaient pourtant justes. Aussi est-ce l'empirisme qui a triomphé. L'élargissement et l'euro ont été menés de concert, avec entre eux, une relation écrite à l'encre sympathique : le second était l'antidote au premier. L'un et l'autre ont été de formidables succès mais aucun « grand horloger » n'a pu se prétendre le maître d'une construction aussi baroque.

Une fois franchis ces deux pas en avant, s'est ouvert l'âge de la cybernétique, c'est-à-dire des relations entre des institutions qui ont chacune leur légitimité mais qui fonctionnent entre elles comme des planètes du système solaire qui tantôt s'attireraient, tantôt se repousseraient. La Commission, le Conseil Européen, la Cour de Justice, le Parlement, l'euro, sans compter la myriade de micro-institutions satellites qui gravitent autour de ces principales planètes : le jeu est d'une complexité folle et le Traité de Lisbonne a davantage codifié ce désordre créateur qu'il ne l'a rationalisé.

Théoriquement en charge de l'intérêt supérieur de l'Union, la Commission a laissé péricliter cette mission et se contente de protéger ses pouvoirs régaliens – concurrence et commerce – et de maintenir sa fonction de caisse de péréquation. Le Parlement veut à la fois accoucher d'une opinion publique européenne et en être l'expression. La Cour de Justice a, à l'instar d'une Cour

Suprême, élargi son champ d'attribution, passant du simple règlement des litiges entre les institutions européennes à l'édiction d'un droit spécifique ; elle met de la sorte en musique la construction d'un « homo europeanus ». Le Conseil des Ministres n'est plus mû par le seul désir d'abaisser le rôle de la Commission comme vigie de l'Europe, mais s'érige en véritable organe de pouvoir : un jeu complexe de connivences et de services rendus entre les Etats membres lui permet de surmonter à chaque occasion les blocages qui devraient, en toute logique, le clouer au sol. La montée en puissance du Président permanent du Conseil aux dépens du Président de la Commission traduit le rapport de forces entre les deux organisations dont ils sont les porte-parole ès qualités. Quant à la Banque Centrale Européenne, elle joue sur un double clavier : en période de facilité, elle ne sort guère de son splendide isolement disant, croit-elle, le vrai et s'estimant outragée de ne pas être suivie. En période de crise, elle n'a de cesse que d'apparaître comme un bon élève européen, aussi coopérative qu'elle sait, à d'autres moments, ne pas l'être.

Une organisation aussi complexe devrait, en théorie, se bloquer : entre la Commission et le Parlement ; entre le Conseil et la Banque Centrale ; entre la Cour de Justice et l'action quotidienne de l'exécutif ; entre la même Commission et le même Conseil. « Et pourtant, elle tourne », comme le répétait Galilée face au Tribunal de l'Inquisition.

Cette machinerie est certes condamnée, quand les eaux sont calmes, à n'avancer que de façon infinitésimale. Le temps n'est plus où une grande idée jetée au vent du large, comme le faisait Jacques Delors, pouvait devenir réalité, à condition d'être relayée par l'Allemagne et la France. L'échec du Traité Constitutionnel le rappelle chèrement : la complexité du système est telle qu'il existe toujours un grain de sable, surtout lorsque l'unanimité des vingt-sept est requise. Si le Traité de Lisbonne a échappé au même destin que la Constitution, il le doit moins au souvenir amer du désastre de 2005 qu'à la volonté de ses promoteurs de rechercher la banalité et d'escamoter, au moins facialement, l'ambition.

Mais l'incroyable horlogerie européenne se met en mouvement face à un danger venu de l'extérieur ou face à un risque d'implosion. A ce moment-là, elle fait plus que survivre : elle s'améliore, franchissant une étape de plus dans la voie de ce qui ressemble, volens nolens, à une forme d'unité.

Un danger extérieur ? Il n'en a guère existé de plus violent, ces dernières années, que la crise financière. Venue des Etats-Unis, elle a failli tout emporter sur son passage, avec pour dénouement une récession aussi grave que dans les années trente. Où a été édifiée la première ligne de défense ? En Europe, lorsque la Banque Centrale a joué, dès le 7 août 2007, le rôle de prêteur d'ultime ressort, la FED se contentant de suivre son exemple quelques jours après et la Banque d'Angleterre le faisant avec un retard encore plus grand. Où a été conçu le plan le plus adapté, afin de répondre à l'automne 2008 à la quasi-disparition des marchés – hormis actions et devises – dans un univers dominé par la méfiance ? En Europe toujours, grâce à une boîte à outils technique inventée par le Trésor britannique et transformée en un plan à l'échelle du continent sous la férule française. Où la volonté d'éviter que se reproduise un tel accident a-t-elle été la plus permanente ? En Europe naturellement, avec le combat mené de concert par les membres européens du G 20 alors que, dominés par le sens aigu de l'amnésie qui fait leur force, les Américains sont en voie d'oublier, pour l'essentiel, que le système a été au bord de l'explosion.

On peut parier que si une menace stratégique se profilait avec la même violence que le risque financier, des comportements identiques prévaudraient : une convergence empirique entre les institutions communautaires ; un degré si intime de concertation entre les Etats clés que leurs positions finiraient par se confondre ; l'apparition de chefs de file suffisamment fugitifs pour ne pas susciter de blocages au sein des autres pays ; l'attente d'une opinion aux réactions identiques chez les vingt-sept.

Un risque d'implosion ? L'Europe en a connu plusieurs. La chute du Mur aurait pu provoquer un divorce entre une Allemagne désireuse de retrouver son « Hinterland[1] » oriental et une France crispée

____

1. Arrière pays.

sur son inquiétude à cette perspective. Rien de tel ne s'est produit, le désir mutuel d'éviter le désastre conduisant, nous le savons, à un geste unitaire majeur avec l'euro.

L'effondrement du projet de Constitution, à la suite des référendums français et néerlandais en 2005, aurait pu dévider la pelote communautaire, chaque Etat membre renationalisant tel ou tel pan de la politique communautaire. La volonté a été unanime de préserver, sur l'instant, le fonctionnement de l'Union sur la base du Traité de Nice, si contesté fût-il, puis de relancer rapidement la machine avec l'idée française du Traité simplifié afin, grâce à l'humilité sémantique de l'intitulé, de contourner l'obstacle référendaire.

Dernier risque d'implosion en date : la crise des dettes souveraines des pays du « Club Med » et l'hypothétique effondrement de l'euro, sous les coups de boutoir de marchés désireux de prendre leur revanche sur une construction dont le caractère politique leur est toujours apparu insupportable. Aussi longtemps que la situation n'était pas devenue dramatique, la machine a été bloquée par les réticences de l'Allemagne, otage d'une opinion publique peu désireuse de voir les bons élèves payer pour les mauvais et inconsciente des avantages que l'industrie allemande tire d'un euro légèrement affaibli par la présence en son sein des pays du Sud. Mais lorsque l'euro a été, un vendredi, au bord du gouffre, les préoccupations de politique intérieure se sont effacées et les vingt-sept ont concocté sur un coin de table, en quarante-huit heures, un plan de soutien les engageant pour 700 milliards d'euros. Ils viennent de réitérer la même opération à l'automne, en faisant vis-à-vis des marchés les gestes minimum afin de leur signifier l'inébranlable engagement des Etats, y compris l'Allemagne, à sauvegarder l'union monétaire.

Une fois de plus, le principe de réalité a prévalu : aucun chef de gouvernement européen ne prendra la responsabilité, aux yeux de l'Histoire, d'un effondrement de la construction communautaire. Tous sont prêts à payer, fût-ce à leur corps défendant, afin de sauver l'édifice. Or, le prix n'est pas le statu quo : c'est toujours un pas en avant.

Ainsi par une étrange loi politique qui lui est propre, l'Europe stagne en période de vie ordinaire mais, une fois menacée, avance au lieu de reculer. Les crises ne constituent donc pas un danger mais au contraire une opportunité. C'est plutôt de la banalité du quotidien que viendrait la menace, la tentation de retours en arrière s'instillant sous la pression du populisme ambiant. Mais l'Europe n'a pas, dans ces circonstances, de meilleure alliée que sa complexité : celle-ci suffit pour bloquer toutes les tentations de pas de côté.

« Pacta sunt servanda » : le vieux précepte latin fait aujourd'hui encore figure de table de la loi. Ainsi, aussi insatisfait fût-il d'une décision de la Commission en matière de concurrence ou d'un arrêt de la Cour de Justice de Luxembourg, aucun Etat ne s'en est-il jamais affranchi. Or ce seraient de telles entailles au contrat communautaire qui pourraient menacer l'édifice. Les gouvernements se contentent, pour des motifs de politique intérieure, de tonner contre Bruxelles mais se gardent bien de porter l'affrontement sur un terrain autre que verbal. De là la solidité de l'Union, fût-elle bureaucratique ou ennuyeuse.

Une telle réalité ne porte pas au lyrisme. Il en résulte le paradoxe d'une Europe qui geint sur elle-même au lieu de s'étonner de sa réussite institutionnelle, qui se croit sur la défensive alors qu'elle continue d'avancer et qui est surtout incapable de vanter son modèle d'organisation, dans un environnement médiatique qui exige la simplicité. On n'imagine pas M. Van Rompuy scander « Yes, we can », à la manière de Barack Obama. Et pourtant, non seulement « Yes, we can », mais même « Yes, we did » ! Les Européens, eux, l'ont fait.

7

Nous sommes seuls

Si réussi soit-il, le modèle européen ne fera pas d'émule. De moins en moins occidentaux et de plus en plus « pays-monde », les Etats-Unis ne s'en rapprocheront pas. Quant à la Chine, l'Inde, le Brésil, voire l'Indonésie, ce sont des puissances aujourd'hui mercantilistes, demain peut-être impérialistes, toutes dotées d'une vision stratégique, aux yeux desquelles notre manière d'être paraît exotique, ou semble un signe de décadence. Nous serons donc de plus en plus seuls.

Les Européens ne cessent de déchanter depuis la victoire de Barack Obama. Ils espéraient retrouver, à travers lui, l'Amérique qu'ils aiment, celle de Roosevelt et de Kennedy, le miracle noir en prime et ils se découvrent face à un Président dont le pedigree illustre, mieux qu'une théorie, ce nouveau pays-monde qui regarde l'Europe avec la même indifférence polie que nous la Suisse.

Un pays-monde, en effet, tant il réalise le syncrétisme de la planète entière. Une immigration de tous horizons, une infinie variété ethnique, l'ascension démographique des Hispaniques, l'irruption des Asiatiques au sommet de l'université et de la recherche : autant d'illustrations d'un basculement irréversible. Lorsque les Indiens auront remplacé les Juifs et les Hispaniques les « Wasps » comme piliers de la nouvelle Amérique, pourquoi celle-ci regarderait-elle encore l'Europe comme l'« alma mater » ? Elu grâce à un concours de circonstances – le désastre irakien, la crise financière – plus tôt que la logique ne l'aurait voulu, Obama anticipe la lignée des nouveaux responsables. De même que l'Europe n'appartient pas à sa géographie intérieure, ni africaine, ni asiatique, elle ne sera pas davantage la référence, le moment venu, d'un Président d'origine chinoise obsédé par l'Asie ou d'un leader de la majorité sénatoriale, issu de la communauté hispanique, plus intéressé au destin du Mexique qu'à celui du Royaume-Uni, et au sort du Brésil qu'à celui de l'Allemagne.

Cet éloignement de l'Occident avait été perçu, dans les années cinquante, par Harold MacMillan[1] : « Nous sommes menacés, de la part des Américains, d'un mélange de pitié et de mépris. Ils s'en prennent à notre influence politique et commerciale partout à travers

____

1. Premier Ministre conservateur anglais de 1957 à 1963.

le monde... C'est en réalité un peuple étrange. Peut-être notre erreur est-elle de continuer à les regarder comme un peuple anglo-saxon. Leur sang est désormais très mélangé : c'est une mixture latine et slave avec une bonne part d'Allemands et d'Irlandais. » Remplacez Allemands par Asiatiques et Irlandais par Hispaniques et le jugement du vieux leader tory devient d'une extrême modernité.

Du temps de la guerre froide, Américains et Européens partageaient des valeurs communes, même si leurs intérêts économiques divergeaient. Aujourd'hui c'est l'inverse : leurs valeurs s'éloignent les unes des autres, mais leurs intérêts économiques convergent.

Que recouvre le mythe, désormais, des valeurs occidentales ? Le culte de la démocratie ? Certes, mais celui-ci devient l'apanage d'une part de plus en plus grande du monde et les mœurs de la démocratie brésilienne valent à coup sûr ceux des Etats-Unis, voire de l'Europe. La liberté ? La vision de l'homme ? L'habeas corpus ? Le goût du progrès ? Le culte de l'individu ? Les conceptions de part et d'autre de l'Atlantique sont de plus en plus dissemblables. La présence d'ennemis communs, comme dans le passé ? La Russie est pour nous un voisin encombrant, pour eux un partenaire compliqué mais elle ne cimente pas l'atlantisme comme autrefois l'Union Soviétique. Quant à la Chine, elle n'est pas regardée avec les mêmes yeux à Washington et à Bruxelles. Pour les Américains, c'est l'enjeu majeur : ont-ils affaire à un créancier partenaire ou à un rival stratégique et demain à un adversaire militaire ? Pour les Européens, le marché chinois est un eldorado mais pour les dirigeants de Pékin nous ne sommes que de modestes fournisseurs et non un joueur stratégique. Restent, non des adversaires communs, mais des préoccupations identiques : la menace iranienne ou le désordre pakistanais. Mais d'autres que les Occidentaux partagent ces inquiétudes. Elles ne sont donc pas le marqueur d'une communauté de valeurs.

En revanche, à l'échelle de l'économie mondialisée, Américains et Européens se retrouvent du même côté de la barricade. Le temps est loin où les Etats-Unis faisaient grief à l'Europe de sa politique agricole. Nous sommes en effet traités pareillement par les puissances montantes qui ne font guère de différences, dans les négociations commerciales internationales, entre les régimes américain et européen de subventions. De même nos préoccupations en matière de règles sociales ou environnementales leur paraissent-elles un résidu d'arrogance post-coloniale. Nous avons les mêmes difficultés pour protéger nos marques, nos licences et nos savoir-faire. Les nouveaux acteurs n'ont que faire de nos règles et de nos protections ; ils y voient le désir du Vieux Monde de se barricader économiquement. De là un clivage entre eux et les Occidentaux renforcés, en la matière, par les Japonais. Mais une convergence d'intérêts économiques est par nature plus friable que le béton d'un système de valeurs communes. Elle s'étiolera au fur et à mesure de la maturité grandissante des nouvelles puissances industrielles et financières.

Que reste-t-il comme ciment occidental, si les valeurs ne jouent plus ce rôle et si la solidarité économique est fugace ? Le bouclier militaire ? La déférence du féal vis-à-vis du suzerain et protecteur ? Le poids de la puissance impériale ? Ce fut la conviction commune à l'époque où Hubert Védrine avait forgé le mot d'« hyperpuissance ». Celle-ci se fondait sur la domination technologique, l'omnipuissance financière, la force militaire des Etats-Unis. La première demeure, mais elle est condamnée à être grignotée au fil du temps par les vertigineux progrès de la Chine et de l'Inde, de sorte que les technologies se diffuseront sur la planète à partir d'autres Mecque que la seule Silicon Valley. La seconde a été mise à bas par la crise financière : les Etats-Unis sont plus encore qu'auparavant dépendants de créanciers internationaux et en particulier chinois.

Quant à l'expression même de Mars, la capacité d'action militaire, elle sort amoindrie des conflits irakien et afghan. Privée des ressources de la conscription, l'armée américaine est, de longue date, hors d'état de mener simultanément deux guerres majeures. De là son incapacité à traiter militairement, même si Washington le voulait, la question iranienne. Et aussi longtemps que l'Irak était l'obsession majeure, l'Afghanistan était en position mineure. C'est désormais l'inverse mais avec la même limite de capacité. L'impossibilité d'intervenir simultanément et à grande échelle sur plusieurs théâtres d'opérations ne correspond guère à la silhouette d'une puissance impériale dont la force serait telle qu'elle induirait chez les autres un sentiment de soumission. Vénus ne regarde plus Mars avec la même déférence qu'au moment où Kagan lançait sa célèbre métaphore. Les Etats-Unis demeurent, certes, l'allié d'ultime ressort mais nous les savons plus fragiles et moins rassurants que nous ne l'imaginions. Même si nous les sentions de plus en plus lointains, nous ferions les actes de contrition nécessaires afin de continuer à bénéficier de leur protection, dès lors que leur omnipotence serait incontestable. Militairement moins impressionnants qu'on pouvait l'imaginer, amoindris par leurs échecs en Orient, ils ne paraissent pas en état de nous accorder une garantie de sécurité illimitée. Or tel était le dernier aimant qui nous attirait vers eux. Lui affaibli, le lien atlantique devient plus rituel qu'effectif, plus symbolique que réel, plus formel qu'authentique.

Comment cela n'aggraverait-il pas notre solitude ? Ce n'est pas avec les autres acteurs de la scène mondiale que nous trouverons des solidarités de substitution. Les relations avec la Russie ne peuvent être, de son fait, qu'ambivalentes. Si Vladimir Poutine n'a pas cherché à rétablir l'impérialisme soviétique, il s'est érigé héritier de l'expansionnisme des Tsars. L'indépendance de l'Ukraine, de la Géorgie et des autres républiques d'Asie centrale lui paraît aller à l'encontre de la loi de l'Histoire. L'entrée des pays baltes dans l'Union Européenne n'est pas compatible, à ses yeux, avec la dépendance à laquelle la géographie devrait les condamner. L'affirmation de la Pologne comme puissance européenne piétine un sentiment viscéral chez les Russes. La confiance peut être d'autant moins au rendez-vous de notre côté que la substitution de la menace énergétique à la menace nucléaire rend plus aisé, de la part de Moscou, le passage à l'acte. On coupe plus facilement le robinet d'un gazoduc qu'on ne joue avec des armes nucléaires tactiques. Les Européens pouvaient naïvement imaginer servir de référence, voire de modèle à long terme, au moment où l'Union Soviétique se volatilisait. C'est aujourd'hui une pure illusion. Notre conception de la démocratie, de la liberté, de l'économie sociale de marché n'est pas le « point oméga » – au sens de Teilhard de Chardin – auquel aspire le régime autocratique moscovite. Il ne rêve ni de nos institutions politiques, ni de notre habeas corpus, ni même de notre marché ouvert et régulé, si contraire aux intérêts des oligarques prévaricateurs. La Russie n'a pas changé : la tentation occidentale est l'apanage des seules élites, le peuple s'accommode d'un régime de type oriental et les dirigeants traitent l'Ouest avec méfiance et arrière-pensées. De ce côté-là aussi nous sommes, au-delà des ritournelles amicales, seuls.

Quant aux nouveaux venus, Chine, Inde en particulier, dont la puissance leur permet d'inventer des schémas de développement propres, ceux-ci sont aux antipodes de notre modèle. Politiquement bien sûr, même si la démocratie indienne, ce miracle quotidien, crée de notre part un sentiment de solidarité. L'existence de « checks and balances », le respect du suffrage universel, l'existence de partis nous rendent naturellement l'Inde plus proche que la Chine, mais au-delà de cette complicité formelle, nos systèmes demeurent évidemment éloignés l'un de l'autre.

Quant à la Chine, elle appartient politiquement à un autre système solaire.

Economiquement la familiarité est à peine plus forte. Le mercantilisme est un vieux concept européen mais il n'aura jamais trouvé de meilleur émule que dans la Chine contemporaine. Face à la mécanique de précision chinoise qui gère son taux de change avec une intelligence hors pair, accumule des réserves propres à dominer le monde, fabrique une industrie de haute volée à coups d'investissements dans la recherche-développement et se prépare à exercer un impérialisme économique, l'Europe apparaît angélique avec son marché ouvert à tous les vents, sa politique de concurrence hostile à l'édification de solides oligopoles, sa recherche publique transformée en variable d'ajustement en cas de pénurie budgétaire. Même l'Allemagne semble inhibée en comparaison de la Chine : faisant figure d'économie mercantiliste comparée à la France ou à l'Italie, elle demeure à mille lieues de la stratégie volontariste chinoise. Tel qu'est le pouvoir chinois, il ne fera preuve d'aucune indulgence à l'égard d'une Europe qu'il assimile à un espace perméable et à un acteur édenté.

Seul le Brésil nous semble fraternel au sein des puissances émergentes. Il porte en lui un héritage européen qui nous le rend compréhensible ; il se rapproche de plus en plus de nos critères démocratiques et moraux ; il fait preuve d'un interventionnisme industriel qui nous est familier ; il incarne autant que faire se peut dans un pays émergent une forme de social-démocratie. La succession à sa tête d'un intellectuel de haute volée, ancien professeur à l'Ecole des Hautes Etudes, Enrique Cardoso, puis d'un syndicaliste, sorte de Bernard Thibault latin, Lula, nous rend ce pays plus proche que les Etats-Unis gouvernés pendant la même période par un chrétien « born again » – George W. Bush – et un

« ovni » politique – Obama. Rien ne nous est étranger, voire incompréhensible, dans le fonctionnement de l'économie et de la société brésiliennes et cette mitoyenneté ne cessera de se renforcer au fur et à mesure de l'enrichissement du pays. Mais affronter le monde d'aujourd'hui avec pour seul compagnon d'armes le Brésil, ne rassure pas.

Alors que les autres pays s'éloigneront de notre modèle ou au mieux ne s'en rapprocheront pas, seule l'Amérique Latine, fruit de l'Hispanidad et de sa propre émancipation, essaiera de nous imiter et de se couler dans nos us et coutumes.

Etre seuls ne nous condamne pas, mais nous obligera néanmoins pour défendre le modèle dont nous devrions être fiers, à devenir plus combatifs. Impossible de demeurer, dans un monde aussi chahuté, l'agneau de la fable.

8

L'agneau peut-il devenir un loup ?

L'Europe apparaît parfois comme un agneau parmi les loups. Elle pense coopération, quand les autres disent compétition ; elle parle de morale, lorsque ses concurrents font preuve du cynisme des Etats traditionnels ; elle invoque la régulation, au moment où les nouveaux joueurs pratiquent l'égoïsme sacré. Nous semblons naïfs dans un univers de brutes. Mais c'est inhérent à la dynamique de notre modèle sociétal, économique et politique : nous progressons par la contagion de l'exemple entre nous et n'avons guère de chance d'obliger les autres à adopter la même démarche à notre endroit.

Notre système est sans doute le meilleur en termes de démocratie, de liberté, d'équilibre : il n'y a aucune chance d'imaginer qu'il fera beaucoup d'adeptes dans le monde. Le croire relèverait d'une forme étrange de colonialisme des idées. C'est faire fi des règles d'un monde où la compétition prend souvent le pas sur la coopération et où les nouveaux acteurs mènent des stratégies nationalistes de longue haleine. Notre modèle n'a donc aucune chance de se diffuser : ni par l'effet induit de notre puissance, ni par l'exemple, ni par le prosélytisme.

La victoire du marché n'impose pas la démocratie à l'européenne. C'est un enfantillage philosophique de croire, comme les libéraux, que le marché et la démocratie vont de pair et que le premier entraîne la seconde. Le contraste entre la Chine et l'Inde témoigne même de l'inverse : alors que la toute-puissance du marché n'est pas près d'accoucher de la démocratie dans l'Empire du Milieu, c'est au contraire la démocratie qui a précédé et facilité l'irruption du marché dans l'ancienne colonie britannique. Il n'y a donc rien à attendre de ce côté-là : le marché mondial sera, au contraire, de plus en plus un territoire de combat entre des systèmes capitalistes de nature différente. C'est vers cet univers que les instincts belliqueux se sont déplacés.

Nous sommes ingénus, face à cette réalité. L'objectif n'est pas d'exporter notre modèle – douce illusion – mais de le protéger, dans un environnement mondial qui le rend de plus en plus atypique, donc menacé. Si l'agneau ne peut devenir un loup, sauf à se renier, il lui est néanmoins loisible d'être un peu plus ferme et de mieux se défendre. Ceci ne rime naturellement pas avec protectionnisme mais avec de modestes protections. L'Europe est le marché le plus ouvert à tous les vents. Il le demeurera : toutes les tentatives de durcissement tarifaire sont vouées à l'échec, car son fonctionnement conduit à donner en la matière un veto de fait à l'Etat membre le plus libre-échangiste. Rien donc ne changera et rien ne dit, non plus, qu'une telle inflexion eût été souhaitable.

Il existe, en revanche, un enjeu décisif pour lequel la partie peut encore se jouer : défendre l'européanité de nos entreprises stratégiques. Même immergée dans le marché mondial des capitaux, une entreprise garde une identité nationale : c'est le gage de préserver sur son territoire originel non les usines mais les centres de décision, la matière grise, le savoir-faire, la valeur ajoutée. S'accrocher à la nationalité française, allemande, anglaise d'une société européenne est ridicule. Défendre en revanche, bec et ongles, son « européanité » est décisif. Les grands investisseurs internationaux font, pour l'instant, patte blanche mais cette retenue ne sera pas éternelle. Les fonds souverains du Golfe continueront peut-être de se conduire comme aujourd'hui, à l'instar des bourgeois du dix-neuvième siècle, avides de reconnaissance, affamés de dividendes et obsédés d'acquisitions de prestige. Encore n'est-ce pas une certitude. Ce sera en revanche de moins en moins l'attitude des Chinois, des Russes, voire d'autres : ils essaieront de profiter du côté « ville ouverte » du marché européen, afin de se glisser subrepticement dans le capital de certaines de nos sociétés stratégiques, avant d'y revendiquer un rôle puis de s'affirmer de plus en plus dominants.

Aucune fatalité ne nous conduit à baisser pavillon. Les Etats-Unis sont bardés de dispositifs législatifs pour protéger leurs entreprises et n'hésitent pas à les employer. Aux Européens de prendre exemple sur eux. Ainsi suffirait-il d'établir une liste de secteurs stratégiques dans lesquels une « golden share » européenne serait créée avec une double clef dans les mains de la Commission et de l'Etat membre concerné. Il faudrait que les deux la fassent tourner pour qu'elle soit mise en route, afin d'interdire aux Etats de faire preuve d'un nationalisme borné et de les obliger à avoir le soutien d'une Commission plus libérale et plus rationnelle. Mais l'atmosphère doucereuse de Bruxelles exige sans doute un jour une mauvaise surprise – un raid victorieux sur une entreprise européenne séculaire – pour qu'un tel dispositif puisse être instauré par les vingt-sept.

Dans le même esprit, plus mercantiliste, une évolution de la doctrine de la Commission en matière de concentration serait bienvenue. Lorsque celle-ci a l'audace de frapper Microsoft ou d'interdire la fusion General Electric-Honeywell, elle joue habilement de ses rares atouts de puissance. Lorsqu'elle interdit le rapprochement Schneider-Legrand ou met des bâtons dans les roues de la plupart des fusions intra-européennes, elle affaiblit l'Europe et oublie que celle-ci affronte des concurrents moins regardants et de plus en plus dominateurs. Le seul objectif de favoriser le consommateur ne peut servir de doctrine exclusive dans le monde féroce d'aujourd'hui. L'Europe a intérêt à disposer de joueurs industriels et financiers de rang international. Elle se bat avec énergie, au nom de cet objectif, afin de préserver son modèle de banque universelle. La constitution de puissants acteurs industriels devrait relever de la même philosophie, mais ceci suppose une volonté de fer de la part des Etats membres, afin d'obliger la Commission à se libérer d'une jurisprudence constituée par cinquante ans de travail de fourmi de la célèbre « DGIV[1] ».

Ce n'est pas par ailleurs parce que la stratégie de Lisbonne est un catéchisme peu respecté qu'il faut le passer par pertes et profits. Mieux vaut le mettre en pratique avec dix ans de retard que l'ignorer. L'Europe n'est pas, en effet, hors jeu en matière d'innovation et les efforts à faire, afin de rester dans la course, sont à sa portée même en période de vaches maigres budgétaires ; le degré de volonté nécessaire ne semble pas immense.

Mais aller dans cette direction n'a de sens qu'accompagné d'un effort dans la constitution d'universités européennes

____

1. La Direction de la Commission en charge de la concurrence.

de rang mondial. La compétition universitaire est devenue aussi violente à l'échelle internationale qu'elle l'est en matière industrielle ou financière. Former les élites du monde entier est un formidable instrument d'influence. Or, hormis Oxford et Cambridge, c'est l'apanage quasi exclusif des grandes institutions américaines, les Harvard, Stanford, Princeton, MIT et autres. Nous n'avons en ce domaine aucune excuse, n'étant menacés ni par une main-d'œuvre à bas coûts dans les pays en développement, ni par des conditions de travail incompatibles avec nos mœurs. L'histoire nous a, au contraire, dotés d'atouts concurrentiels exceptionnels : un savoir accumulé, une tradition intellectuelle, un ascendant culturel incontesté. Si nous sommes incapables de fusionner le Max Planck Institute et le Laboratoire de physique de l'Ecole Nationale Supérieure, la London School of Economics et Sciences-Po,

HEC et la Bocconi, l'X et l'Ecole Poly-technique de Turin, nous ne devrons nous en prendre qu'à nous-mêmes. Il n'existe aucun autre obstacle que la routine, le conservatisme des enseignants, la pusil-lanimité des politiques. C'est, en termes d'influence et de présence dans le monde, l'investissement le moins cher et le plus rentable : il ne met pas en cause notre manière d'aborder le monde extérieur, ni ne nous oblige à changer notre façon de penser. Si nous en sommes incapables, il y aura là matière à désespérer : nous serions réduits à l'inaction, dès lors que la pression serait insidieuse et ration-nelle et non brutale et injuste.

Ne pas devenir un « ventre mou » ne se joue pas exclusivement en haut de l'échelle, mais aussi en bas, dans la politique d'immigration. L'abyssal défi-cit démographique de l'Europe, France exclue, ne lui laisse aucun choix :

l'immigration constitue sa bouée de sauvetage. Mais cette affirmation de principe n'interdit pas de déterminer son destin en matière de population. L'immigration choisie ne se décline pas avec chacun des vingt-sept agissant seul. Compte tenu de la liberté de circulation, personne ne peut demeurer maître de ses seules préférences. A l'Union de définir ses choix géographiques, ses besoins professionnels, ses quotas informels. Ne pas le faire, c'est laisser chaque Etat membre parer au plus pressé et créer des tensions entre les vingt-sept, tel pays ayant préféré une origine géographique dont tel autre ne voulait pas et dont il héritera néanmoins, dès lors qu'une fois légalisé, l'immigré peut, liberté oblige, aller où bon lui semble. Maîtriser son avenir démographique n'est pas une option ; c'est une exigence pour une Union qui veut prédéterminer son futur. L'effort de rationalisation à faire n'est pas non plus hors de portée de l'Union, telle qu'elle fonctionne aujourd'hui avec ses rigidités et ses défauts.

Dominer son espace économique, universitaire, démographique, relève du minimum vital. Cela n'exige de l'Union aucun effort impossible. Rien de commun avec le fantasme d'une diplomatie unique, d'une armée intégrée ou d'une Union fédérale. On peut s'évertuer à recenser les convergences diplomatiques entre les vingt-sept : elles sont immenses mais elles ne fondent pas une diplomatie commune, tant les réflexes et les habitudes sont irréfragables. On a, de même, le loisir d'expliquer que la pénurie budgétaire rend encore plus naturelle l'intégration militaire, dès lors qu'une fois l'affaire irakienne derrière nous, les armées européennes interviennent toujours côte à côte sur les terrains d'affrontement du monde entier.

Mais le bon sens n'est pas voué à triompher. Harmoniser les matériels ? Bien sûr. Partager un porte-avions ? Possible. Intégrer les forces d'intervention ? Envisageable. Revenir au fantasme de la CED et donc de l'armée européenne ? Risible. Reconnaître les difficultés diplomatique et militaire, ce n'est pas se tromper d'enjeu.

L'Europe est de plus en plus homogène, mais sa traduction politique de plus en plus aléatoire. L'occasion d'aller de l'avant a été à plusieurs reprises perdue. Du temps du général de Gaulle, qui aurait pu faire main basse sur l'Europe, au prix de quelques contorsions atlantistes. Sous François Mitterrand, Helmut Kohl et Jacques Delors, quand la volonté de ce triumvirat était irrésistible. Au lendemain de la chute du Mur, en faisant précéder l'élargissement de la création d'un noyau dur plus intégré.

Ceci appartient désormais au passé : le processus d'unification européenne contourne le jeu classique des institutions ; l'avènement d'un « homo europeanus » prend le pas sur la politique ; la concrétisation d'un modèle européen relève désormais d'une dynamique sur laquelle les chefs de gouvernement ont peu de prise. A rebours de la philosophie française, le mouvement de la société précède l'exercice du pouvoir politique. C'est sa force : il n'y a pas de limites à la contagion interne entre Etats membres et à la capacité des vingt-six de s'aligner sur le vingt-septième qui sert d'avant-garde.

Le modèle européen va accuser ses traits et même les renforcer : de plus en plus libéral, de plus en plus démocratique, de plus en plus respectueux des droits individuels, de plus en plus équilibré, de plus en plus moral. Mais il demeure une question sans réponse : saura-t-il détourner une partie de cette énergie, afin de faire, vis-à-vis de l'extérieur, quelques gestes protecteurs et vitaux ? L'attitude des Etats membres face à la crise de l'euro est de ce point de vue encourageante : ils font cahin-caha le nécessaire.

Mais face à ces interrogations, il n'existe néanmoins pas de certitude rationnelle. C'est moins une affaire de raisonnement que de conviction, donc de tempérament. Pour un éternel optimiste qui crie sa fierté d'être européen, le doute n'est pas permis : à défaut de voir triompher notre prosélytisme vis-à-vis du monde, nous saurons au moins préserver notre modèle et en faire, dans un univers de plus en plus rude, la butte témoin de ce que l'histoire, l'intelligence et la raison peuvent concevoir de mieux.

TABLE

Dans la même collection

Composé par Nord Compo Multimédia
7, rue de Fives, 59650 Villeneuve-d'Ascq

www.ingramcontent.com/pod-product-compliance
Lightning Source LLC
LaVergne TN
LVHW051232060726
842526LV00013B/2927